命理生活新智慧・叢書 110

吉人天相保平安

金星出版社 http://www.venusco555.com
E-mail: venusco@pchome.com.tw
法 雲 居 士 http://www.fayin777.com
E-mail: fatevenus@yahoo.com.tw

法雲居士⊙著

金星出版

國家圖書館出版品預行編目資料

吉人天相保平安／法雲居士著，
--臺北市：金星出版：紅螞蟻總經銷，
2011年11月 初版；面；公分—
（命理生活新智慧叢書；110）

ISBN：978-986-6441-57-8（平裝）

1. 命書

293.1　　100017416

吉人天相保平安

作　　者：　法雲居士
發 行 人：　袁光明
社　　長：　袁靜石
編　　輯：　王璟琪
總 經 理：　袁玉成
出 版 者：　金星出版社
社
電
傳
地址：台北市南京東路 3 段 201 號 3 樓
電話：886-2-2362-6655
FAX：886-2365-2425
郵政劃撥：
總 經 銷：　紅螞蟻圖書有限公司
地　　址：　台北市內湖區舊宗路二段121巷28・32號4樓
電　　話：　(02)27953656 (代表號)
網　　址：　http://www.venusco555.com
金星出版社.com
E-mail　：　venusco@pchome.com.tw
venus@venusco.com.tw
法雲居士網址：http://www.fayin777.com
E-mail　：fatevenus@yahoo.com.tw
版　　次：　2011年11月初版
登 記 證：　行政院新聞局局版北市業字第653號
法律顧問：　郭啟疆律師
定　　價：　350 元

行政院新聞局局版北字業字第 653 號
(本書遇有缺頁、破損倒裝請寄回更換)

ISBN：978-986-6441-57-8　（平裝）

（因掛號郵資漲價，凡郵購五冊以上，九折優惠。本社負擔掛號寄書郵資。單冊及二、三、四冊郵購，恕無折扣，敬請諒察！）

序

二十一世紀本來是大家企盼的嶄新希望的新世紀。但還沒過多久，即是天災人禍連連，實際上，我們翻開歷史，歷朝歷代，經年累月的，也是說不完的天災人禍。說真格的，人類的歷史就是一本『天災人禍的奮鬥史』。

『天災』常常人力也無法抵擋，而『人禍』呢?更是一般平民小老百姓隻身難擋的了，因此，當小老百姓遇到『天災人禍』時，只有三十六計逃為上策！別無他法。就像二〇一一年三一一的日本大地震，許多人為地震引發的海嘯捲去。『天災』難以預測，發生的又突然，但接連的核能電廠事故，是為『人禍』的部份，至今這些災難仍讓當地居民與附近的國家正飽受痛苦。

吉人天相保平安

人類原本即有趨吉避凶的意識與行為機制。例如會躲避災難或預防災難的發生。但有時會受環境的影響或物慾的影響而使趨吉避凶的意識鈍化，因此無法意識到災禍的來臨，也無法躲避凶災而遭難。

在中國的命理學中，也有一套精密計算命理格局的學理知識，是可以精確計算出人會遇災的時間、地點、凶災的嚴重度？是否會出血？會不會死亡？因何而發生？相關的有那些事與物？有無貴人搭救？凶災是否會有轉捩點？那又是什麼？凶災所遇到的事會和那些五行(金、木、水、火、土)有關？如果能先從命理上瞭解知道了，就能躲避災禍。

例如：會遭土石流滅頂的人，多半命格中有『土傷』，怕『土重』。遭水滅頂的人，命格中有『水厄』，格局中會有『破軍、文昌』或『破軍、文曲』。在命盤的那一天會遭災。

吉人天相保平安

這本書是教大家預先算出自己的災難是什麼？災難之期為何？好好計算及預知答案，也好好防範，也就像做防颱措施一般的先做好預防措施，自然也能當個悠哉的『吉人』，一輩子也會無災無難做公卿了！

法雲居士　謹識

法雲居士

◎紫微論命
◎八字喜忌
◎取名、改名
◎代尋偏財運時間

賜教處：台北市中山北路2段115巷43號3F-3
電話：(02)2563-0620
傳真：(02)2563-0489

命理生活叢書110

吉人天相保平安

目錄

吉人天相保平安

前言

這本《吉人天相保平安》之所以誕生，並不是要在這個紛亂的時刻恐嚇你！威脅你！讓你對生活中的災禍產生莫名的恐懼。讓你對未知的前途憂心。而是想藉用命理的角度分析生活中不悅與不順遂的事情給你聽。另一方面也幫助你瞭解生命中，各類以時間的交叉點所擦出火花的吉與凶。

很多人說『命理學』是迷信。不管你信也好，不信也好，災禍是發生在命運中的每一個關節點上。有人從災禍中而學到了智慧，有些人則因災禍而永遠沒法子重新來過。你想選擇那一種呢？

你是不是能擁有超越災禍更多的智慧呢？

吉人天相保平安

中藥向來是一種溫和漸進的藥材，許許多多不同的組合，而能治癒更多不同的病症。與西藥相較起來，它更有『沒有副作用』的優質條件。

命理學與中藥有許多相似點，『沒有副作用』，更是優質條件中的佼佼者。你總沒有聽說過因為躲避過災禍而有不歡喜愉悅的吧！

命理學與中藥的另一個相似點，就是『溫補』、『涼補』的作用。命理學講究中庸、調治的功能，用五行生剋的原理，將人類的『命』與『運』，『氣』與『神』調配至剛柔並濟，恰到好處之地。氣定神閒，『運氣』自然順暢。官運、財運、好事連連，災禍自然遠離。這就是『溫補』、『涼補』的作用了。凡事都有次序與節奏，稍快也不行！稍慢也不行！

現代的人講求急功好利，要改運最好一日就成。而真正要教你一

吉人天相保平安

日就成的學問，你卻也不一定要學。一個人若能躲過一生中大小的災禍，這個人能算不好運嗎？你真的非要等到大難不死，而享後福嗎？我想天下並沒有這種『大智若愚』的人吧！

這本『吉人天相保平安』就是教你一日就能改運的書，能逃過一生中大小劫數的人，豈不是和大難不死的人同樣是後福無窮的？你將會多出更多的時間去追求名利和錢財。這個好運，就像中藥的溫補、涼補一樣的是沁人身心的舒暢感覺。

命理學和中藥還有一個類似點，就是必須持之以恆，倘若你因現在看書，記得逃過了一劫，而以後看過了又忘記再注意災禍發生的時間交集點而遇上，這如同你從來沒有學過這一招一樣。因為相同的災禍、大大小小，總是重複的上演著。譬如易受傷的人又總是受傷，易遇到車禍的人又總是發生車禍。易有火厄的人，總是遇到火災。而不

吉人天相保平安

知將會在那一個節骨眼上，劃下了休止符。

這個以命理學來預測災禍的防治理論，是經過數千年來的蒐集蒐證而成的。而我只是個解讀者。倘若你對自己一生的安全關心，趕快對自己的生命歷程進行溫補、涼補吧！此刻最重要的一件事，就是打開正文的第一頁⋯

第一章

吉人天相我最行，車禍、傷災保平安法

吉人天相保平安

第一章　吉人天相我最行，車禍、傷災保平安法

在現今經貿發達的世界裡，人類移動的軌跡，會由海上（航運）、路上（陸運）、天空（空運）三個方向在繞著地球跑。因此，現今的交通意外也會比古代多。而且現今通訊發達，我們常常可立即接收到那一國、那一區域又有飛機失事、或大車禍、或火車出軌、或船難或遭劫持等的事。因此，現今生活的人大多在賭命而生活，尤其是奔波在外的人，更是像是在水裡來、火裡去一般的，要練就金剛不壞之身，才

能真正的吉人天相。

在中國古代時就知道：某些具備某些格局的人，容易『客死異鄉』、『路上埋屍』有交通意外而喪生。無法壽終正寢。而且連時間、地點都能算清楚。另有海運及空運的交通事故之格局，以及一般人出遊時遊玩項目中遇危險的格局，很多都是我們無法料想到的古人聰明的智慧，在本書中會一一告訴大家。

具有車禍發生率高的人類族群

台灣是世界上車禍發生率極高的國家，已是不爭的事實。車禍的發生原因有些是由於自身的不小心，有些則是飛來橫禍，或是遭到池魚之殃等等的狀況。也有利用假車禍來詐財的。不管你是遇到那一種狀況，受傷流血、破財遭災、是非訴訟，都是讓人心情惡劣，在心理上和生理上受到雙重的傷害。某些重大的車禍，造成數條人命的損毀，更會影響到家庭的生計與幸福。

根據政府每年公佈的車禍數字，大約五、六千件，其實真正的車禍發生數據，應不止此數的五倍、十倍。影響到的家庭成員也應該在一、二十萬人之多。想想看！這是多麼可怕的一件事啊！因此我覺得有必要在此，以紫微命理這種『邏輯性、歸納性、概率性』科學的預知方式，給予讀者做必要性的提醒。

到底那些人容易發生車禍，有血光之災呢？

1 命宮中有四煞的人，如『擎羊』、『陀羅』、『火星』、『鈴星』的人，容易遇到車禍。

由其是『擎羊』、『陀羅』坐命宮的人，幼時即破相有災，手腳骨曾折斷等的傷害。**『陀羅』入命的人**，有牙齒受傷等的問題。一生中大、小受傷無數。

有『火星』、『鈴星』在命宮的人，如遭車禍，還會兼有被燒傷、燙傷的可能。也容易有發高燒、發炎而傷及面部、腦部的情形。

倘若『擎羊』、『陀羅』、『火星』、『鈴星』居陷位，再加上大限、流年、流月三重逢合，會有因車禍喪生的可能。此等以『擎羊』、『陀羅』三重逢合時最準。

2 命盤三合處有『廉殺羊』、『廉殺陀』格局的人，也容易發生車禍。

吉人天相保平安

『廉殺羊』、『廉殺陀』的格局在古代命理中被解釋成：『路上埋屍』、『死於外道』。在現代仍是一樣，因車禍的發生頻率高，因此又多了一種危難的機率。這種格局也會應驗在飛機事故、車輛、海難等事故上，遇之非常的嚴重。尤其是在大限、流年、流月三重逢合之時，性命難保。因此凡有此命格的人皆要注意精算流年、流月，與以預防。

最好的方法是再算出流月、流日。並以『廉殺羊』、『廉殺陀』所在的宮位，斷定其發生的時刻。**例如在丑、未宮對照，則為丑時**(夜一時至三時)、**未時**(下午一時至三時)。**在辰、戌宮對照的，則為辰時**(早上七時至九時)、**戌時**(晚上七時至九時)。

在具有『廉殺羊』、『廉殺陀』格局的人當中，又以『廉貞、七殺』坐命的人，有『羊、陀』同宮，和在對宮相照的人，遇到車禍為

吉人天相保平安

最凶厄，也最容易因車禍喪生。

也就是說：丁年、己年、丑年生的人有『擎羊星』在命宮或對宮，形成『廉殺羊』格局。而甲年、庚年生的人有『陀羅星』在命宮或對宮，會形成『廉殺陀』格局，最要注意！

此外『廉府坐命』的人，因對宮是『七殺』，乙年、辛年生的人易形成『廉殺羊』格局。丙年、戊年、壬年生的人，會形成『廉殺陀』格局。也是必須萬分小心才是！

再則，凡是具有『紫微在子』、『紫微在卯』、『紫微在午』、『紫微在酉』命盤格局的人，都是會發生嚴重車禍的族群，且有對生命形成戕害的可能。

3 有『破軍星』居命宮的人，易破相受傷及發生車禍。更以『破軍陷落』時最為嚴重。

『破軍』本主征戰與破耗。在我們現實生活裡，『破軍坐命』的人是很會為生活及工作打拼的人，但是一生中身體與金錢上的損耗也很多。

我有一個朋友，命宮是『破軍陷落』(在酉宮為『廉破同宮』)，當『破軍陷落』時，其『羊刃(擎羊星)』也是陷落的。他每隔三、五年便發生一次重大的車禍。不是自己受傷住院，便是賠上一、兩百萬元的賠償金。『破軍陷落』的人一生財運也不太好，差不多賺得可買一間小房子的錢的時候，不是賠償給別人了，就是自己住院花掉了，於是到了四十歲依然未婚，住在父母的家裡，沒法子自立。

吉人天相保平安

『破軍坐命』的人懷疑心重，不太接受別人的勸告。於是車禍的問題再而三的發生。還好他目前的大運尚好，若走到弱運時，生命是堪慮的。

4 有『巨逢四殺』惡格局的人，也是車禍頻仍，或因車禍喪生的族群。

『巨門星』為暗曜，亦稱『隔角煞』在命盤中的三合地帶，或『左輔、右弼』相夾，或四方照守有『擎羊、陀羅、火星、鈴星』等星時稱之『巨逢四煞』。倘若『巨門居陷』(在辰、戌、丑、未宮)，又有『七殺』、『破軍』二星在上述的方位同住。這車禍的問題將成為死局。

吉人天相保平安

5 當流年、流月中有『地劫』、『天空』二星，而四方三合地帶有『擎羊』、『陀羅』照守時，都容易有車禍血光的發生。

6 當流年、流月中為『天機星』陷落時(在丑、未宮)，再有『擎羊』、『陀羅』來會照的時候，也容易發生車禍血光。

7 當『破軍星』與『文昌』、『文曲』同宮於疾厄宮時，其人的身體很差，也易因車禍受傷。

吉人天相保平安

8 **當流年、流月有化忌星時，最忌『羊陀夾忌』或有『擎羊』來會。小則車禍傷身流血，大則有生命之憂。**

倘若『化忌星』照會的是『陀羅星』，倒不一定是本身車禍受傷。也有可能是撞及他人而引起訴訟官司。由其是『巨門化忌』遇『陀羅星』在流年、流月逢合時最準。

9 **每一個人，每年、每月中，行經『擎羊』這顆星所在宮位的流月、流日時，都應小心，『擎羊』為羊刃，易發生大、小血光，車禍也是原因之一。**

因此觀看車禍發生的時日，主要也是以『擎羊星』所在的宮位為主。

10 有『陰煞』在命局中的遷移宮裡時，出外應小心開車、走路，會因精神無法集中而發生車禍。

通常車禍的發生，在紫微命盤中都是可以預見的。至於會不會喪命，則要看其大限與流年、流月是否三重**逢到煞星及『擎羊』這顆關鍵的星**，才能斷定的。

從命理的角度來看，水年(亥、子年)天災、人禍較多。火年(巳、午年)以人禍較多。以車禍的頻率來看，亥、子年都比其他的年份多，尤其以亥年(豬年)為最。**主要是亥年有『天狗』、『伏屍』歲星**，因此亥年時因交通事故死亡的人數也最多。子年則次之。

火年則是與火災災禍相關的事故死亡的人數較多。以年命干支納音法來看這個定律，也會得到相同的解釋。

在一天中車禍的發生時間上，也以亥時為最多，也就是晚間九時至十一時的時刻。這也是『天狗星』與『伏屍星』作怪的時刻。這是一個概略的說法。**通常在白天裡或其他時間所發生的車禍，則是以其人命盤中『羊刃』所在的時刻為主的。**

倘若八字中水多的人，是千萬要留心這個亥時、子時的時間，在有『羊刃』、『化忌』的流月裡，不要開車，或減少在晚間九時以後在街上閒蕩行走，以免遭遇車禍。

第二章

吉人天相我最行，犯小人保平安法

吉人天相保平安

第二章　吉人天相我最行，犯小人保平安法

長久以來，我們常聽到、看到一些靈異的事情。雖然是『子不語，怪、力、亂、神。』但是一些民間信仰卻深入我們的生活之中。天地之間，也卻有一些事物目前還不為我們瞭解，也無法得到合理的解釋，故而姑且信其有較好，以待將來或許會有合理的解釋。

通常鬼神之說，都是發生在第三度、第四度空間裡的事情。一般認為八字較輕的人，易犯煞遇鬼。

從紫微命理的方向來看，會犯煞遇鬼的人還真不少呢！

吉人天相保平安

容易犯陰煞的人類族群

1 『太陰坐命』的人，易犯煞遇鬼

因『**太陰**』**是月亮，屬陰，陰氣較重**。『太陰陷落』時更甚。『太陰與文曲』同宮坐命的人，尤其是在卯宮的人，因『太陰』處於陷落的位置，陰氣是非常重的。『太陰、文曲坐命』卯宮的人，多半會從事算命的工作，較會得到『靈動』的感應，算命算得很準。但是也因為與陰間溝通太多，會產生減低福壽、及身體上有的缺陷，一生中的財運也不太好，財來財去，有始終在貧窮邊緣

打轉的狀況。

『太陰化忌』居陷坐命的人，也容易被鬼纏身，終生煩擾。這是因為他本身也頭腦不清、頭腦糊塗，容易感情用事之故。

2 有『陰煞星』坐命宮或在對宮相照的人，較易犯煞遇鬼

『陰煞星』是陰間的小鬼，小鬼難纏。因此有陰煞星在命宮的人，容易看到鬼，也容易犯小人。小人總是躲在陰暗處暗算，在流年、流月中遇到，人生在運程上，總是被小人暗害絆跤。

『陰煞』在命宮對宮的遷移宮對照時，會在外面遇鬼，或是會在外面遇小人。這也是需要萬分小心的事，不要把鬼引回家裡面來了！造成自己家裡面的家宅不寧。

有『陰煞星』在命宮的人，成年後最好到寺廟中拜佛參禪，求取福報。但是未成年的人，尤其是嬰、幼童未起命的年歲，萬萬不可至寺廟、墳墓、陰氣重的山林、水邊走動。以防犯煞遭劫、養不大。

嬰兒起命年歲

所謂人的起命的年歲，是以命盤格局中，『水二局』是以兩歲開始起命。『木三局』是以三歲開始起命。『金四局』是以四歲開始起命。『土五局』是以五歲開始起命。『火六局』是六歲開始起命。表示命盤格式是『水二局』的小孩，會在兩歲左右開始記憶事情，學習能力會加快，並且開始運行自己的運氣。『火六局』的人則是六歲才開始記事、行運，學習能力也較慢。

嬰兒以母命為身命

普通幼童起命前，皆是以母親的『命』及『運』為『命運』。母親的『命強』、『運強』，孩童的『命』也強、『運』也強，身體較強壯好養。母親的『命弱』、『運弱』，孩童的身體也較差多病，不好養。如果給保母照顧的小孩，則以保母的『命強』、『運強』為主了。不過，更要看保母是否和小孩有命格相剋的狀況？有相剋狀況的，保母會虐待小孩，也照顧不好他。只要有小孩不喜歡保母的狀況發生，就代表保母和小孩有相剋狀況了，父母要多留心了！

我們常可以看到某一個小孩，兩歲起命後，即聰穎活潑、學習能力也強，說話、走路都快，這就是命盤局數是『水二局』的小孩。

某一個小孩至五、六歲都還是迷迷糊糊的，學習能力慢，這就是尚未起命的小孩。要至起命的年歲以後，會漸入佳境。未起大運的小孩，要小心防災，否則易早夭。

未起命不得入陰地、陰廟

我主張有『陰煞』在命宮或對宮的人，在未成年之前不要去寺廟或至陰地(墓地)的理由，主要是因為有『陰煞』坐命或對照的人，在第一個大運行運的年歲裡，走的正是逢陰煞會遇鬼的運程。

每一個人都是從命宮起運的，因此不管是**水二局的人**，2歲至11歲。**木三局的人**，3歲至12歲。**金四局的人**，4歲至13歲。**土五局的**

人，5歲至14歲。**火六局的人**，6歲至15歲。都是在『陰煞』的運程，容易犯煞。綜合言之，未成年之前不入廟宇、陰地最好。

歌仔戲團明華園主與孫翠鳳之子即為『陰煞』坐命宮，小孩被家人帶入陰廟，未及週歲、犯煞而亡。因此為人父母者，寧可信其有，不可信其無。

鬼月、鬼門，生人易犯煞

通常一月、七月出生的人，較易犯『陰煞』，主要是因為七月為『鬼月』，而一月為『寅月』，而『寅宮』又為『鬼門』之故。

每一個人的命盤中都有『陰煞星』，當『陰煞星』在『命宮』、『福德宮』、『疾厄宮』的時候，最不宜管陰事或參與寺廟活動。也不宜隨便去醫院探病。尤其在流年、流月逢到『陰煞星』當值的時候，更不可至『陰廟』拜拜，或至『墳區』走動，否則犯煞遇鬼，後悔莫及。

※所謂的『陰廟』是要指某些人和動物死後，被供奉的廟如台灣的『十八王公廟』，或是和陰間、死亡有關的廟宇，如『地藏王廟』、有『閻王殿』的廟。其他的人煙罕至、廢棄頹壞的寺廟也會是陰廟，會有惡靈進住。

陰煞在田，家中招鬼

凡有『陰煞』在田宅宮的人，家中容易招鬼，宜與陽氣重的人同住。或是多尋找『紫微』、『太陽』、『七殺』、『破軍』、『廉貞』、『武曲』等星居廟旺在命宮的人同住，可有制『陰煞』的功能。

3 『天梁坐命』的人，本身就會有宗教狂熱。當『天梁陷落』時，有『劫、空』同宮，再有『化忌星』來沖照，容易犯煞。

因『天梁』本主陰福善蔭，有貴人相助。但是『天梁陷落』時，例如在巳、亥宮，得不到陰福善蔭與貴人。但對宮居廟的天同福星在遷移宮的環境之中，會讓一切平穩與懶惰。如果同宮有『文昌化忌』或『文曲化忌』，『化忌星』為天上忌妒之神，再有『地劫、天空』同臨命宮，不但容易犯煞，且易遭災，影響到生命的存活。這是『半空折翅』格。

若是『天梁加煞』坐命的人，則是神煞混雜的人，他們是真正做乩童的好材料，很容易與陰間溝通。不過他們必須有正派的宗教信仰，才不會走火入魔。

4 命宮為『空宮』的人，本命比較弱，若有『地劫、天空』入命，是容易犯煞的人。

若對宮的主星居陷位時，尤甚。他們的精神狀態多不穩定，靈感浮動得很快，是『靈動感』很好的人，從事五術、命理、侍奉神佛都是很好的人選。若命宮中有『劫空』，再加『陰煞』，肯定是個常常見鬼的人，一生的精力也多消耗其中了。

5 命宮是『天機陷落』加『劫空』的人，或是『天機陷落』加『陰煞』的人也易於犯煞遇鬼。

凡『天機坐命』的人，多鐵齒不信邪，上述這兩種命格的人也是一樣不信邪，於是一生和鬼神作戰而精疲力竭。只要常到寺廟中修行，可得到寧靜。

犯陰煞遇鬼，或被鬼附身，通常是在人運氣最弱的時候發生的。至今未聽說遇鬼而大發的事情。

因此我們平常為人就要有正派的宗教信仰、尊敬祖先，在固定的時間祭祀(如清明、除夕等節日)，多做自我修持，少探陰事，少做邪魔鬼怪的想法。縱使遇鬼神陰煞，也可將其化為對自己有用的守護神。**這就是『陰不剋陽』、『邪不勝正』的道理了。**

驚爆偏財運

法雲居士⊙著

『偏財運』就是『暴發運』！

世界上許多領袖級的人物、諾貝爾獎金得主、以及各大企業集團的總裁、領導級的政治人物，都具有『暴發運格』。

『暴發運格』會改變歷史，會創造歷史！
『暴發運格』也可以創造億萬富翁，是宇宙間至高無上的旺運！
在你的生命中，到底有沒有這種契機？
你到底屬不屬於那全世界三分之一的好運人士？

且聽法雲居士向您解說『暴發運格』、『偏財運格』的種種事蹟與內涵，把握住自己生命中的爆發點，創造歷史的人，可能就是你！

第三章

吉人天相我最行，盜匪侵害保平安法

吉人天相保平安

第三章 吉人天相我最行，盜匪侵害保平安法

目前台灣社會治安日益敗壞，殘暴的匪徒殺人如宰割豬雞一般，毫無畏懼。雖然台灣的宗教觀有報應和輪迴之說，也無法教化這些凶惡的暴徒。因此我們每日從報紙、電視，各種媒體上得知許多的犯罪案件。每日的殺燒擄掠，從來沒有間斷過，有時一日更有數十件之多。而且暴徒的凶惡變態、狠毒無以後加，令人髮指。在這麼一個人人自危的時日裡，又處在這麼一個不安全的地方，許多人紛紛舉家移民出走。

容易遭盜匪侵害的命格

倘若你是一個不想移民，或是因某種狀況無法移民的人，要怎樣在這危難的年月裡，在這危險的土地上生存呢？你一定很迫切的想知道，自己會不會那麼倒楣，成為匪徒砧板上的刀下俎呢？

其實想知道自己的前途如何？有沒有危險？並不難！紫微命理提供了這方面的資訊。現在將易遭歹徒侵害的命理格式試述於後。倘若你沒有這類格式，表示你很安全，以後也不會碰到這類的事件。倘若不幸，你擁有這類格式，你則務必要算出流年、流月出來，在該年、該月運行逢到時，好與以防範，儘量躲避盜匪的侵害。

一般來說，易遭盜匪侵害者的命格都不強。命理上因為賊強我弱，因此被劫殺。或者因煞多無制，形成對本命的戕害。

容易遭盜匪侵害的命格

1 命宮為空宮的人。

通常命宮為空宮(無主星)的人，命格都不強。若對宮及三合、四合處再有煞星多重來會，當大運、流年、流月三重走到弱運時，會遭遇盜匪的侵害。

◎如命宮中無甲級主星，卻有『左輔』或『右弼星』獨坐命宮的人，幼年多為他人養大，與親生父母的緣份較薄，再遇煞星(『擎羊』、『陀羅』、『火星』、『鈴星』、『七殺』、『破軍』、『地劫』、『天空』、『化忌』等)來沖，或在三合、四方處沖照，必有災殃，在流年、流月不利時，就會受到盜匪的侵害了。

◎又如命宮中無主星，卻有『天魁星』或『天鉞星』獨坐命宮的人，命也不算強，他們的長相秀麗、個性溫和。若對宮有煞星沖照，或在三合、四方處有煞星照守的人，也得小心防範弱運時的安全問題。

◎再如命宮中無主星，卻有『天空』或『地劫』獨坐命宮的人，因為『天空』、『地劫』二星皆為上天『空亡之星』，入人之命宮為『劫殺之神』，凡事多所破耗、不利，有『命裡逢空』、『命裡逢劫』之稱，故也容易被匪徒侵害，須要小心。

2 命宮中主星陷落而又有『化忌星』的人。

通常主星陷落時，已為不吉。主星再遇『化忌星』，一生多是非糾纏不清，必有災禍降臨。

◎如『巨門陷落化忌』坐命宮的人，一生是非纏身、頭腦不清、易聽信小人之言，無法做正確的判斷。災禍也總是纏繞著他。因此他們也很容易遭災，受到傷害。

也許你會覺得奇怪，為什麼我在這裡『易遭匪徒侵害的部份』談到了『巨門化忌』的人，在後面談到暴徒命理時又提到『巨門化忌』坐命的人。為什麼他們既是受害者又是施暴者呢？**主要是因為『巨門星』本來就是主是非爭鬥與口才**。有『化忌』時，是非爭鬥的問題變得嚴重，而且糾纏不完。而且『巨門化忌』坐命的人多不走正道。容易認同叛經離道的事情。當『巨門』主星落陷時，再有『化忌』，頭腦不清，隨波逐流。多因招惹是非而受災，再有煞星侵臨，成為被害人。

吉人天相保平安

而『巨門居旺』宮，再有『化忌星』同宮者，『巨門』不畏『化忌』，愈亂愈好。命理較強，再有煞星照臨，助紂為虐，成為惡人，變成施暴者之故。

『巨門化忌』再遇『羊陀夾忌』的格局，定是死於非命的格局。

◎**如『天機化忌』坐命宮的人**，『天機』若居陷地，再有『空、劫』同宮，亦再有『羊陀夾忌』的格局，如藝人湛蓉命造者，亦會因盜賊的侵入而死於非命。

◎**如『廉貞陷落加化忌』入命宮的人**。因『廉貞、貪狼』同宮，必在巳、亥宮，雙星俱陷落，巳為不吉。不管是『廉貞化忌』亦或是『貪狼化忌』，都是多重災害，此人一生貧賤，若四方、三合地帶的煞星多，必為匪徒，也容易死於非命。

若是有『地劫』、『天空』同宮或相照，或有『羊陀夾忌』的格局，也就會成為受害者。此狀況與『巨門化忌』者同。

◎如命盤中有『太陽陷落化忌』的人，再有『羊陀夾忌』的格局，在流年、流月、流時逢到，也易遭歹徒的侵害(後面有陳小弟弟的例子)。

◎如命盤中有『太陰陷落化忌』的人，再有『羊陀夾忌』的格局，在流年、流月、流時三重逢合，也要小心歹徒的侵害。

3 命宮中帶『咸池陽刃』的人，也是易受歹徒侵害的對象。

不論男女，如甲戌年生的人，見八字中，月柱、日柱、時柱上有

『卯』字。或是庚申年生的人，亦或是**庚辰年生的人**，見八字中，月柱、日柱、時柱上有『酉』字，稱為『咸池陽刃』。

有『咸池陽刃』的人多美貌、聰明好學、身體較弱，易為歹徒覬覦。**有『咸池陽刃』的人最忌見水**。因此在行運時，不論是大運、流年、流月，逢到『癸酉』，或是『亥、子』水的流年、流月都要小心，以防碰到歹徒傷害的災禍。藝人白冰冰的女兒，白曉燕撕票案即為庚申年生的人，形成的『咸池陽刃』。

4 整個命盤裡有形成『廉殺羊』、『廉殺陀』格局的人，要小心歹徒的侵害，被歹徒所傷。

讀者也許會奇怪，『廉殺羊』、『廉殺陀』的格局不是屬於『死於外道，路上埋屍』的格局嗎？為什麼又會出現在這裡呢？

吉人天相保平安

一點也不奇怪！某些擄人勒贖人的案件，暴徒定是將人擄去他處犯案，傷害人的性命，因此『廉殺羊』、『廉殺陀』也在此易遭歹徒侵害類別裡。

舉例說明：

例一：陳小弟弟於一九八四年甲子年出生。是『廉貞化祿、天相』坐命的人，命宮中尚有『天空星』。為『命裡逢空』，雖權祿照守也無救。其財帛宮為『紫微、天府、祿存』。疾厄宮是『天機陷落、陀羅星』。由此可見是個財多身弱的人。本身又有『武貪格』的暴發運。命不能說不好了。可是在亥年運行『太陽居陷化忌』，三合處又有『太陰陷落』、『擎羊』、『鈴星』、『火星』來沖照。不但有『化忌星』又遇煞。流年福德宮又為『天機陷落加陀羅』，福不全。亥年遭歹人殺害，才十二歲。

吉人天相保平安

陳小弟弟 命盤

兄弟宮 巨門 文昌 己巳	命宮 廉貞化祿 天相 天空 庚午	父母宮 天梁 火星 天鉞 辛未	福德宮 七殺 壬申
夫妻宮 貪狼 地劫 <身宮> 戊辰	陽男 甲子 乙亥 己亥 己巳	土五局	田宅宮 天同 文曲 癸酉
子女宮 太陰 擎羊 鈴星 丁卯			官祿宮 武曲化科 甲戌
財帛宮 紫微 天府 祿存 丙寅	疾厄宮 天機 陀羅 天魁 丁丑	遷移宮 破軍化權 丙子	僕役宮 太陽化忌 亥年遇難 己亥

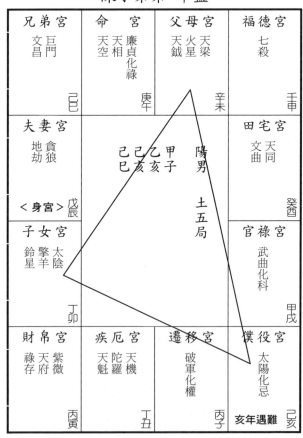

吉人天相保平安

例二：電視演員湛蓉的命格中有三種惡格局。

首先她的命宮中之坐星有『天機化忌、祿存、天空、地劫』等星。是為『羊陀夾忌』與『半空折翅』兩種格局的合局。

再則在十五歲至二十四歲的大運是『廉殺陀』的凶惡運程。三重逢煞，都是死局。故在82年5月遇劫難，在家中遭歹徒強暴勒斃，時年二十四歲，沒能進入下一個運程。

吉人天相保平安

湛蓉 命盤

命宮 天機化忌 祿存 天空 地劫 天馬 <身宮> 丁巳	父母宮 紫微 天刑 擎羊 戊午	福德宮 天鉞 紅鸞 己未	田宅宮 破軍 火星 陰煞 庚申
兄弟宮 七殺 文昌 鈴星 陀羅 15 — 24 丙辰	陽女 土五局		官祿宮 咸池 辛酉
夫妻宮 太陽 天梁 乙卯			僕役宮 廉貞 天府 文曲 天姚 《82年5月流月》 壬戌
子女宮 武曲 天相 甲寅	財帛宮 天同 巨門 左輔 右弼化科 天魁 乙丑	疾厄宮 貪狼化祿 丙子	遷移宮 太陰化權 癸亥

第四章

吉人天相我最行，身體傷殘保平安

吉人天相保平安

第四章　吉人天相我最行，身體傷殘保平安

普通人身體有殘疾，分為先天性與後天性。

先天性的殘疾，即出生時即已有身體上的殘缺，或智能上的不足稱之。造成先天性殘疾的原因，多半是因為母體本身較弱，懷孕期又處在弱運的時刻。在命理學上認為凡是有先天性殘疾的人，在受胎時的時間上都是有煞星侵臨的時候所致。

身體易遭傷殘的命格

紫微命理所行的是太陽曆的運程，胎中帶煞，與出生時的八字再相沖剋，人會有殘疾、夭折的可能。凡沖剋嚴重的會早夭。沖剋次之的會殘疾。因此往往夭折與殘疾之間僅僅一線之隔。僅看其沖剋會不會至死而已。

有些殘疾者，幼年困苦，（因家中出現殘疾子女，父母壓力大）稍長，運行旺地，有貴人相扶（如遇父母慈愛仁德）也能有所成就。這就是要看各人的造化了。

有一位患有先天性腦性麻痺的黃姓女孩，顏面手腳都不方便，由於其母親的耐心與慈愛照顧，她也到美國拿到了繪畫藝術的碩士學位，即是一個感人的例子，母親便是她的貴人。

因此，殘疾者在幼年時期都是經過困苦的歲月，少年時期所經歷的運程，不是父母宮，就是兄弟宮，家庭親人對殘疾者的生長過程，負有重大的意義（其實每一個人也都是如此）。父母、兄弟佳者，會得到很大的助力，成就也高。父母、兄弟緣份薄的人，孤苦無依的境況也較持久。

後天性的殘疾，多因時運不濟，運逢惡煞所致，這在命盤中也是預先可以看到推算出來的。

後天性殘疾的造成原因，有些是因為疾病（如糖尿病截肢、腦膜炎影響智力等等），工作上的傷害，（如被機器或高壓電壓傷）、車禍的傷害（四肢受傷或成為植物人等等）。有些也會因為人為的恩怨，如被歹徒所傷或黑道尋仇砍殺等的原因。

吉人天相保平安

不管是什麼原因，後天性的殘疾，也可從命盤轉盤中的活盤裡看得到，也可以用流年、流月算出來。這就非常神奇了吧！

其實一點也不奇怪，例如桃園劉邦友官邸命案裡，唯一幸存的當事人鄧文昌，腦部受傷，即是走的是『廉殺羊』的運程。前面說過，殘廢與夭折僅一線之隔，不死即殘，即為此證。

先天性的殘疾為『命弱』，為煞星沖剋所致。**後天性的殘疾為『運弱』**，再有三合四方處有煞星沖會，而造成。這是不一樣的命理結構。

命不好，運好，先天性殘疾者，也會有數十年的春天。**命好，運不好**，浪裡行船波折多。後天性的殘疾者再怨嘆，還是要過日子的。

先天性殘疾的命格

1 『廉相』子午宮坐命的人。

有『火、鈴』沖破者，為殘疾之人。身上多長瘡瘤、潰爛、或腰足有傷。有『羊、陀』沖照，則易夭亡。

2 『廉殺』在丑、未宮坐命的人。

再加『羊、陀、火、鈴』同宮坐命的人，不是夭折命，就是有手足傷殘的問題。

3 『廉貪』居陷在亥宮坐命者。

再有陀羅或化忌同宮，亦主孤貧、殘疾之人。失明或無生育能力。

吉人天相保平安

4

『太陰』與四煞在卯同宮坐命。

因『太陰』為落陷。四煞為『羊、陀、火、鈴』，有先天性肢體殘障，且一生貧賤。

5

『天相』在卯酉宮入命宮。

若為『火星』、『鈴星』沖破者，主先天性殘疾。因『天相』也為福星，在卯、酉宮為陷落。福星陷落，再被煞星沖剋，為面部及手足傷殘。

6

『天相』坐命在巳、亥宮的人。

因其對宮有『武曲、破軍』，皆陷落為煞，再有『火、鈴』同沖

吉人天相保平安

破。亦主殘疾。手足及顏面傷殘。

7 **『天梁』在巳、亥宮入命的人。**
若遇『擎羊』、『火星』為破局。早夭。

8 **『天同、陀羅』坐命宮在亥宮的人，**肥胖目渺（眼睛為鬥雞眼或羊白眼，癸年生的人易得之）。

9 **『天同、巨門』在辰、戌宮坐命的人，**身體會遭傷、目渺、耳聾。

10 **『擎羊、陀羅、火星、鈴星』四煞星坐命的人，**腰駝背曲為羅鍋，殘疾之人。

吉人天相保平安

11 **『紫府同宮』坐命於寅、申宮的人，**倘若幼年家庭沒有缺陷，必定身體有缺傷。（頭部腦神經或兔唇）

12 **『太陽坐命』在亥、子宮的人，為落陷的命格。再有『羊、陀、火、鈴、化忌』同宮，**若福德宮再不吉者，為失明瞎眼之人。

13 **『太陽坐命』在戌宮再加會凶殺之星的人。為帶疾延年的人。**再有『化忌星』同宮，也為失明之人。

14 **『武破坐命』的人。命宮中再有『陀羅』同宮，**亦是殘疾之人，手足傷殘。

15 『巨門、火星』坐命的人。
臉上有大顆異痣或大塊胎記。再有『化忌星』，臉部傷殘。

後天性會傷殘的命格

1 『巨門』在子、午宮坐命的人，丙年、戊年、壬年生的人
有『羊刃』在命宮，會夭折。若在三合處有多顆煞星湊殺，必遭火厄。重者夭亡，輕者為火灼傷。

2 『巨門』在辰、戌宮入命者，若與『火、鈴』同宮。
逢惡限為『巨逢四殺』，會夭折。在三合處，有煞星湊殺者，亦會遭火厄。嚴重者，因火災而夭亡。輕者為火灼傷。

吉人天相保平安

3 **『天相』在丑宮入命的人，有『左輔』、『右弼』同宮，**再有『羊、陀、火、鈴』等星照會的人，有精神上的疾病。

4 **『七殺坐命』於陷地的人，**或居於五行絕地，再會『羊、陀』二星，幼年時即會夭折。若居五行生鄉（指申宮）會『羊、陀』二星，則為屠宰之人或主貧賤之人。

5 **『七殺與擎羊、火星』同宮，**在流年上再遇白虎星，主刑戮災傷。

6 **『七殺星』坐命在子、午旺宮，再遇『羊陀』、『火鈴』沖照主夭折或陣亡。**『七殺』不畏煞星、化忌星，但對宮有『廉貞』、『化忌』來沖照亦不喜歡，若疾厄宮再不吉，本身健康會有問題，成為帶疾延年的人。

7

『火星』居陷地坐命的人，若再有『左輔』、『右弼』等同宮，會使沖剋加倍。或再有『天空』、『地劫』者同宮者，三合、四方處再有『擎羊』、『陀羅』、『鈴星』、『化忌』來沖照的人，會成為精神病的患者。

8

『破軍坐命』在子、午宮的人。丙年、戊年、寅年、申年生的人，主孤單殘疾。或發富而夭亡。

9

『破軍坐命』在辰、戌宮，又與『火星』、『鈴星』同宮的人，是個勞碌奔波，官非爭鬥嚴重的人。若運至『羊刃』、血光之地，兼有三度重合之際，會因爭鬥而傷殘。

10 **『廉貞、擎羊、左輔』同入命宮者，**會因作盜賊遭傷成殘。『廉貞、擎羊、右弼』同入命宮者，亦會因作盜賊遭傷成殘。

11 **『武相坐命』在寅、申宮的人，**若被『火星』、『鈴星』沖破，有殘疾的可能。身體、面部遭傷成殘。

12 **『武殺坐命』在酉宮，有煞星加會，或有『化忌星』同宮的人，**主有心臟的毛病、腦神經系統的毛病、精神病、面部傷殘等。

吉人天相保平安

13 **『同陰』子午宮坐命的人，若與『擎羊』同宮**，身體會遭傷。

14 **『廉破』坐命與『擎羊』同宮的人，主殘疾**。『廉破』與『火、鈴』同宮的人，主勞碌、是非、狼心狗肺。在四方三合處兼遇四殺時，因官非爭鬥厲害而有血光、殘疾之事發生。

先天性殘疾的人，在命理上屬於『弱質』的成分，其母親在孕育的過程裡，也處於衰運的運程。但上天有好生之德，對於存活下來的生命，也定會給與哺育的養分，讓其存活。因此先天殘疾者，若逢父母親人情深義重的，也能改運，成為有用之人。但若父母、親人無德，便就相互拖累了。

吉人天相保平安

十多年前，我曾為一位南部地區的鐵工廠老闆算命，當時他境況很差，經濟拮据。數月後生下一子。兩、三歲時至醫院檢查，斷定是智障兒。當時家中是一片憂戚。但是說的也奇怪，此子生下之後，鐵工廠的生意便有起色，一路昌旺。鐵工廠老闆的命格本身財運平平，也並沒有什麼暴發運。於是鐵工廠老闆將其三個兒子的命盤都拿來給我看。原來這個智障兒子的命盤格局裡有極強的偏財運。

這就是我在另一本書《如何算出你的偏財運》中提到偏財運也可影響到家人和家運的原理了。

可惜的是這位鐵工廠的老闆，在財富漸積之後，卻害怕別人知道他有這個智障兒子，而將其送往他處寄養，當此智障兒子離開後，幾年一次的偏財運也不再照顧他們家了，後來此鐵工廠的老闆生意失敗，也不知其後的事了。

並不是我要用這個故事，來誘導為人父母者來疼愛殘障子女。父母對子女的疼愛本來就應該是天性使然，不該有賢愚之分，或功利主義的存在。上天要讓一個生命存活，必定有其原因，我們豈可違背天理而逆行呢？

社會上亦曾見有棄養子女，或施虐子女致死的父母，這種人的惡行，何止於殺燒擄掠的暴徒呢？這種毀滅人性的行為是必遭人神共憤！眾人唾棄的！

如何算出發生傷殘事故的時間

要查看自己會發生傷殘事故的時間問題，首先要在前面的章節中找出自己是否是命裡已有傷殘玄機的人。**其次**再看自己是否有『廉殺羊』、『廉殺陀』的惡格局或其他的惡局。**第三**、要看每一個宮位的四方及三合地帶是否是有『擎羊』、『陀羅』、『火星』、『鈴星』、『地劫』、『天空』、『化忌』、『七殺』、『破軍』等數個煞星星曜多所聚集的地方。要一個宮位、一個宮位的來看，才不會漏掉。

會發生傷殘事故的宮位中，必有幾個特點：

1 有流血、手足傷殘、斷骨、傷破者，宮位中必有『擎羊星』。

2 火災受傷的宮位中，必有『火星』、『鈴星』。在火災中

吉人天相保平安

受傷流血、斷骨的也必有『羊刃（擎羊星）』。

3 **受傷後，麻煩官司持續仍有的**，宮位中同宮或相照的星座裡必有『廉貞』、『巨門』、『化忌』、『天刑』等等。

4 **因鐵器所傷的，宮位中有『擎羊』、『七殺』等星。**

5 **因跌破、摔破所受傷的，宮位中有『破軍』、『擎羊星』。**

6 **在水中受傷的，宮位中會有『太陰』、『破軍』、『文曲』、『擎羊』等星。**而『太陰』、『破軍』、『文曲』皆會居於陷位。

吉人天相保平安

當你發現有這些不好的星組沖照某一個宮位時，例如是戌宮，有『擎羊』及其他煞星同宮，對宮或三合處形成『廉殺羊』的格局，再以流年、流月的推算方式，算出戌宮是今年的幾月份。在該月小心防範，只要努力也可躲過一劫。

《流年、流月的算法，謹附於第十四章。或參閱法雲居士出版的『如何推算大運、流年、流月』上、下冊》

第五章

吉人天相我最行，遭強暴保平安法

吉人天相保平安

吉人天相保平安

第五章　吉人天相我最行，遭強暴保平安法

這幾年來強暴案件日益增多，據報紙上所載，每年有一萬件以上的強暴案，每日有三十件以上婦女遭受強暴的案件，這是多麼可怕的一個數據啊！再沒幾年，台灣豈不淪陷在強暴犯的手裡了嗎？

社會上，司法界對於強暴案件的不重視，無非是覺得強暴案只是小案件罷了。而且司法審判的官員又都是男性，於是大事化小、小事化無。若沒死人，便也不了了之。

吉人天相保平安

遭受強暴的女性，有些因為名譽的關係，或害怕再次受到報復，而隱忍不敢舉報，因此實際的強暴案件，可能更數倍於報載的數據。

婦女易遭強暴傷害的命格

現在我所討論的『婦女易遭強暴傷害的命格』，是要提醒妳，妳若有下列的狀況，千萬要小心，算出流年、流月，在該段時間中加以預防。而不是讓妳自怨自艾，覺得是命中註定的事情而放任它的發生。

近年有許多只有幾歲大的小女孩，也遭受到強暴犯的魔爪所戕害，這種傷天害理的變態獸行，社會公義與司法機關都不應輕易放過此類傷害幼苗的強暴犯。

易遭強暴的命理格局

1 通常命宮為『空宮』的人，命理都不強，

通常命宮為『空宮』的人，命理都不強，較容易受到煞星的侵臨，若命宮對宮相照的星曜又居陷落的位置時，此人一生的命程和運程都不太順利。在走到煞星多的運程時，在運程中又多有桃花煞星（沐浴、咸池）的沖會，會容易發生遭受強暴的事情。

例如：命宮中有『左輔星』或『右弼星』（此為命宮為『空宮』的人，因『左輔』、『右弼』皆不是主星）的人，從小為他人帶大，倘若父母宮不吉者，更屬於命弱的人。在流年宮位裡出現『天姚』、『羊刃』、『沐浴』、『咸池』、『火星』、『鈴星』、『陀羅』

等星時，在該流年、流月逢之會遭遇到強暴的事情。

吉人天相保平安

2 **大限、流年、流月重逢到『羊陀夾忌』的格局**，再有『天姚』、『沐浴』、『紅鸞』、『咸池』、『天喜』、『廉貞』、『貪狼』、『七殺』等桃花星與殺星交相照會與同宮時，桃花劫煞嚴重，可能因強暴而致死。

3 **女命有『天相』、『文昌』、『文曲』、『天姚』同宮的人**，本身是邪桃花的命格，長相美麗、淫亂，容易遭遇強暴。（此人也多從事風塵行業）

4 **女命『太陰陷落』時**，又有『文昌』、『文曲』、『紅鸞』、『天姚』、『沐浴』、『咸池』等桃花星來會照、同宮，再走『七殺』、

吉人天相保平安

『破軍運』時，會遭遇強暴的事情。

5 女命為『破軍』、『文昌』、『文曲』皆陷落的人，再有桃花煞星同宮或相照者，易於遭受強暴的問題。

6 女命為『武破』居巳、亥宮為平陷的人，再有桃花敗星和忌星又和『沐浴』、『咸池』等及『天姚』、『紅鸞』、『擎羊』、『陀羅』、『火、鈴』等同宮或相照者，為『桃花劫』，易遭強暴。

7 女命為『廉貪』居巳、亥為陷落的人，再有桃花星多顆同宮或照臨者，易遭強暴。再有『擎羊』、『陀羅』、『火、鈴』、『化忌』、『劫、空』等星同臨照會者，因劫殺而致死。

吉人天相保平安

8 八字裡形成『桃花煞』的命格時，也會遭到強暴的命運。『桃花煞』局形成的格式是這樣的：

◎寅年（屬虎）、午年（屬馬）、戌年（屬狗）生的人，其八字上年柱的干支納音屬『火』時，再遇八字的月柱、日柱、時柱有『卯』字時（就是有卯月、卯日、卯時的人），為有『桃花煞』。

例如：丙寅年納音為『爐中火』，戊午年納音為『天上火』，甲戌年納音為『山頭火』等等。

例如『八字』四柱是：

丙寅	戊午	甲戌
□卯	□卯	□卯
□卯	□卯	□卯
□卯	□卯	□卯

吉人天相保平安

◎此外還有：巳年（蛇年）、酉年（雞年）、丑年（牛年）生的人，其年干支納音屬『金』時，其八字的月柱、日柱、時柱上見『午字』（即是有午月、午日、午時的人）為有『桃花煞』。

納音干支屬『金』的年份有：辛巳年為『白蠟金』，癸酉年為『劍鋒金』、乙丑年為『海中金』等等。

例如『八字』四柱是：

辛巳	癸酉	乙丑
□午	□午	□午
□午	□午	□午
□午	□午	□午

吉人天相保平安

◎申年（猴年）、子年（鼠年）、辰年（龍年）生的人，其年干支納音屬『水』時，再遇八字月柱、日柱、時柱上有『酉』字（即為有酉月、酉日、酉時的人），為有『桃花煞』。

納音干支屬『水』的年份有：如甲申年為『井泉水』，丙子年為『澗下水』，壬辰年為『長流水』等等。

例如『八字』四柱是：

甲申	丙子	壬辰
□酉	□酉	□酉
□酉	□酉	□酉
□酉	□酉	□酉

吉人天相保平安

◎亥年（豬年）、卯年（兔年）、未年（羊年）生的人，其年干支納音屬『木』時，再遇八字中之月柱、日柱、時柱上有『子』字。（即為有子月、子日、子時的人）為有桃花煞。

納音干支屬『木』的年份有：如己亥年為『平地木』，辛卯年為『松柏木』，癸未年為『楊柳木』等等。

例如『八字』四柱是：

己亥	辛卯	癸未
□子	□子	□子
□子	□子	□子
□子	□子	□子

本命中有『桃花煞』的人，比較容易遭到色情暴力的侵犯，但是小心防範，算出易出事的流年、流月來，在這段時間內，儘量減少外出，商請家人陪伴外出，不要給歹徒可趁之機，受沖剋遭災之事也不一定能成為定律。

『桃花煞』中的『咸池陽刃』：

在『桃花煞』中，『咸池陽刃』是更凶惡的格局了，受害者多半會因強暴致死，這是為不幸擁有此格局的人，不得不更加注意的事。

『咸池陽刃』即為『咸池煞帶陽刃』的總稱。

『咸池星』為桃花星，又稱敗神，又稱『桃花煞』中之『咸池煞』。

命宮中有『咸池星』的人，如坐旺宮都是聰明乖巧，美麗多才，術藝奇精的優秀份子。

『咸池』若加『羊刃（陽刃）』，稱之為『咸池陽刃』。會因色情暴力的事件被害致死。女孩子要防，男孩子也要防範才好。

『咸池陽刃』的看法：

例如甲戌年生的人，其『咸池』在卯，而其月柱、日柱、時柱上有『卯』字，即帶『咸池』。而甲年生的人，其『陽刃』又在『卯』，統稱有『咸池陽刃』。其實是有『雙煞』的意思，故為大凶。

又如『庚申』年生的人與『庚辰』年生的人，其月柱、日柱、時柱上有『酉』字，其納音雖為石榴木和白蠟金，其納音不屬水，也是稱為『咸池陽刃』。因為**申、辰年的咸池都在酉**，而**庚年陽刃在酉**之故，所以庚辰年及庚申年，或庚子年生的人，不可生於農曆八月。也不可生於酉日及酉時（傍晚五時至七時），都會有『咸池陽刃』。以防因色情之事遭殺害。

『咸池煞』最忌見水。『咸池陽刃』也忌見水。

例如申、子、辰年生的人，也忌見癸酉。或是亥、子年（屬豬、屬鼠）生的屬水的人，最忌見癸酉。見之不吉，為害最烈，會有傷身害命的事情發生。

因此屬猴、屬鼠、屬龍、屬豬的人，一定要小心水年、水月、水日不可。

藝人白冰冰之女白曉燕即為庚申年『咸池陽刃』在酉，又逢丁丑年納音『澗下水』而遇害。此證。

『咸池、陽刃』表

星曜＼生年	子	丑	寅	卯	辰	巳	午	未	申	酉	戌	亥
咸池	酉	午	卯	子	酉	午	卯	子	酉	午	卯	子

星曜＼生年	甲	乙	丙	丁	戊	己	庚	辛	壬	癸
陽刃（羊刃）	卯	寅	午	巳	午	巳	酉	申	子	亥

9 大限、流年、流月走到有『廉殺羊』、『廉殺陀』格局時，

再有『天姚』、『紅鸞』、『沐浴』、『咸池』、『貪狼』、『文

曲』等桃花星多來照會或同宮，也會遭遇桃花劫煞的問題，易遭強暴，且有性命之憂。

呼籲婦女注意防範強暴傷害，我在多本書中都有提及，但真正的防治方法還是要靠自己的小心謹慎。這些問題應該從孩童時期的家庭教育做起。教導子女男女有別的觀念，互相尊重及重視自己的身體血肉之軀。也要重視別人的身體。真正的教育乃是要以身作則、身體力行的親身試範。

目前青少年的問題嚴重，這也是強暴犯猖獗的原因之一。究其根源，家庭的腐敗，漠視人倫禮法，錢慾橫流，道德觀念的淪喪，這原本是低層社會的現象，現已升至中上層社會，成為社會上普遍的亂象。社會公義也只是喊喊口號而已。

吉人天相保平安

很多父母把教育青少年的責任，丟給學校。這真是本末倒置的做法。自己一、兩個小孩都教不好了。學校四、五十個小孩要怎麼教呢？況且很多父母本身即是淫亂的禍首，想要『壞竹出好筍』真得癡笑了！

因此，為人父母的人，真應該正視這個問題，好好的反省檢查自己的教育方針，不要害了自己，也害了別人才好！

如何掌握旺運過一生

法雲居士⊙著

這是一本教您如何利用『時間』來改變自己命運的書！旺運的時候攻，弱運的時候守，人生就是一場攻防戰。這場仗要如何去打？

為什麼拿破崙在滑鐵盧之役會失敗？

為什麼盟軍登陸奧曼第會成功？

這些都是『時間』這個因素的關係！

在您的命盤裡有哪些居旺的星？

它們在您的生命中扮演著什麼樣的角色？

它們代表的是什麼樣的時間？

在您瞭解這些隱藏的契機之後，您就能掌握成功，登上人生高峰！

第六章

吉人天相我最行，自殺命格保平安法

吉人天相保平安

第六章　吉人天相我最行，自殺命格保平安法

近年來因自殺身亡的人數節節高升。他們分別以不同的原因及理由來結束自己的生命。某些青春期的學生，或因功課壓力，或因家庭問題而自殺了。前幾年，有兩位就讀北一女的資優同學，卻是以深入探討人生哲理而棄世。近來又有大安國中的女生，因玩普羅牌而跳樓自殺，結束了生命。

吉人天相保平安

老年人多因久病纏身而厭世。也有某些人是為了金錢而自殺的。例如瑞芳一位礦工，因礦主惡性倒閉，不發放積欠的工資，僅為了區區八萬元而自殺，揚言給老闆好看。

另一位自殺得轟轟烈烈的人，就是前因周轉不靈而倒閉，債務纏身，歐洲傑仕堡的黃姓老闆，在美國居所，先殺死母親、妻子再自殺的事件。

這些人在走向自我毀滅的時候，到底他們的精神狀態，中心思想是如何運轉的呢？到底當時他們心中在想些什麼？這是外人所不能瞭解，而急於想知道的事情。

倘若您想瞭解這個問題，就必須從當事人的個性來著手。個性是主導一切事務的原動力與處事方法。個性也是主掌命運的舵手。

容易自殺的先天命格

從紫微斗數中，在人的命格裡，很容易便可體查出這個人有『自殺的傾向』。

要如何從命盤中找出有『自殺傾向』的人呢？請聽我細細道來：有自殺傾向的人分為多種狀況，有一種是自殺多次，最後成功了。這種人多半精神狀態已長期的抑鬱不佳，兼而有妄想症。他覺得另一個世界比較好，比較沒有煩惱，可以一勞永逸，倒也清靜。這些人多半是為情自殺，屬於感情用事的成份較多。以女子或久病的老人為多。

另一種是憤而自殺，例如學生不滿師長或父母而自殺。或者是因債務問題不能解決而自殺。還有一種因自身的清譽受損而憤而自殺的。多年前，有一位法官，因涉及包庇貪黷案件，自覺名譽受損而自殺。

由於自殺的原因不同，我們在觀看命格格局時，就有不同的看法了。**對於自殺多次而成功的人**，精神長期抑鬱，我們將之歸為一類。**憤而自殺的人**，因是突發事件，命格中在流年、流月中逢煞星侵害而形成，我們將之歸為另一類。

吉人天相保平安

長期抑鬱而自殺的命格

長期抑鬱而自殺的命格，其實早潛伏在本命的命格裡，只是不為人知而已，到了弱運的時間，便多次尋求解決生命之道。讓家人朋友緊張煩悶，自殺多次也沒死，於是家人朋友煩不勝煩的鬆弛下來，最後一次他就自殺成功了。

凡是有此種事件命格的人都有一個特性：

1 其人命宮屬於辰、戌、丑、未四墓宮的人。

此四宮也為四刑之地。辰、戌宮為『天羅地網』宮，個性難以伸展開朗、凡事有受困的感覺，若再有『太陽』、『太陰』、『七殺』、『貪狼』等動感十足的星座坐命於此，一生在嚐試突破困境之舉，而無法克制。心中的煩悶無法得到舒解，他們也不願向他人訴說求救，這也是孤獨的原因。

2 命宮中有『擎羊星』與『陀羅星』的人。

命宮中有『羊刃（擎羊）』即是產生自刑的人，個性上有抑鬱，

吉人天相保平安

愛多想，有時會自我怨恨，錯怪自己的人。

◎命宮中有『陀羅星』的人，個性陰沈，不多話，常有邪惡的念頭，有時也會產生報復的措施而自殺。

◎『太陽、羊刃』坐命宮的人，尤其是『太陽』陷落時，其人因太陽光茫晦暗，喜歡躲在人後，不敢面對事實，又加『羊刃』，是容易自殺的人類。

◎『太陰、羊刃』坐命宮的人，尤其是『太陰』陷落時更準。

◎『太陰坐命』的人，本身就是多愁善感，個性不算開朗。『太陰陷落』時，再加『羊刃』，更是會胡思亂想，曲解了人生的意義。

自殺身亡的歌星于楓，就是『太陰、羊刃』坐命於戌宮的人。

吉人天相保平安

3

命宮處於子、午、卯、酉四宮的人，多因感情問題而自殺。主要是因為『子、午、卯、酉』宮為『四敗地』，為十二長生的沐浴所在之地，故也稱『四桃花敗地』之故。凡坐命於此四宮的人，多好交友、重感情。感情問題複雜。

◎尤其是卯、酉宮，更為『桃花咸池之宮』。坐命於卯、酉宮而又有『羊、陀』同宮的人，更有為情自殺的傾向。

4

命宮中有『地劫、天空』的人，一生遇事，多會有突然成泡影的問題，凡事不順利。再有『羊刃』同宮，在流年、流月，大運三重逢合時，會有想不開的念頭。

5

命宮中有『化忌星』的人，一生是非糾纏不清，遇事有阻礙難行的困擾，個性上長期的不開朗。若再有『羊陀』來夾，形成『羊陀夾忌』的惡局，或『羊陀』與『劫空』來沖照命宮中的『化忌星』，則有走向自我毀滅的可能。

吉人天相保平安

6 **命宮中有『陰煞星』的人，或『陰煞』在福德宮的人，**常犯陰煞，也易犯小人。心中有鬼，易被其役使，容易走上自殺之路。

7 **『廉破、火星』坐命居於陷地的人，**容易想不開，會上吊自殺，或投河自盡，若再有『紅鸞』同宮或相照者，會自焚。

8 **凡是命宮中有『巨門、火星、羊刃』的人，**會厭世而自殺。**或者是『巨門、火星、羊刃』在命盤中四方、三合之處照守的人，**在大運、流年、流月三度逢合時，會突然自殺，以上吊

吉人天相保平安

或自焚、用瓦斯自裁者居多。

9 **『天機陷落』又有『化忌』坐命宮的人**，是個神經質嚴重的人，再遇『昌曲陷落』同坐命宮，精神耗弱，疑神疑鬼，會突然跳樓或上吊，讓人防不勝防。

10 **『紫相坐命』，再有『劫、空、擎羊』同宮的人**，或是四殺在四方、三合地帶沖照的人，會有精神上的自我折磨，在流月、流年、大運三重逢合不如意的時候，以上吊、手槍自斃、瓦斯毒氣來結束生命。

11 **命宮是『紫微』，對宮是『火星』沖照。**或是命宮是『火星居陷』，有四殺、劫空沖照。亦或是『紫府坐命』，有『陀羅會照』，此三種命格，再逢三合處有『羊刃』時，流年、流月、流日不利，易於跳樓自盡。

吉人天相保平安

12 **命宮中有『昌曲陷落』的人，又逢『廉殺羊』、『廉殺陀』運程的人**，也是神經質重的人，精神耗弱的問題嚴重，會跳樓、割腕、跳河自盡。

13 **有『天刑』在命宮，而主星『化忌』的人**，為自我刑剋較重的人，三十歲以後會迷戀宗教。在流年、流月、大運三度重逢的日子裡，會因宗教信仰的問題而自殺。

14 **有『武殺』、『武破』坐命宮，再遇『羊刃』同宮或對照**，三合之處又有煞星來會的人，會『因財持刀』，或因財務問題而自殺。其自殺的方式很壯烈。

憤而自殺的命格

凡是因氣憤而自殺的人，多半是想利用自己的死亡，給肇事起因的人一個警訊與教訓。這種狀況往往是突發性的一時興起的念頭，倘若冷靜下來，自殺的事件便不會發生了。但是在案發當時，又往往因為要自殺的人運氣已至最低弱的時候，又沒有貴人的幫助，而一命嗚呼了！凡是會憤而自殺的人，都有個性剛直、剛烈、固執、聽不進別人的勸告，也不願與人分擔憂愁、心事的人。

吉人天相保平安

例如：

1 **『破軍陷落』坐命的人，**再有『擎羊』、『陀羅』、『火星』、『鈴星』、『天空』、『地劫』、『化忌』來沖會，大運、流年、流月又再走到這些星組所形成的惡局時，他也會憤而自殺。

2 **『廉破坐命』的人，或『廉殺坐命』的人，**再有『擎羊』、『陀羅』、『火星』、『鈴星』、『天空』、『地劫』、『化忌』來沖照，他們會是個性陰險狡詐的人，喜歡暗地策劃，用自殺性的方式來加害他人。

因此『廉破』、『廉殺』坐命的人，再有多顆煞星沖照的話，容易從事游擊隊、敢死隊、黑道殺手的行業。

吉人天相保平安

3 『紫破坐命』的人、『紫殺坐命』的人，又有『羊刃』同宮或相照，

四方三合地帶煞星又多的人，會用激烈殘忍的方式自殺，並連帶傷害他人。

4 『擎羊』、『陀羅』單星坐命的人，

都較陰毒，在對宮或四方三合地帶，再有『擎羊』、『陀羅』、『火星』、『鈴星』、『天空』、『地劫』、『化忌』等星沖照的人，在流年不利時會與人同歸於盡，或夾持人質，再同歸於盡。

5 『機梁坐命』再有『火鈴、羊陀』同宮或相照的人。

心術不正，自持聰明，不走正道，流年不利犯案或尋仇時，會與對方同歸於盡。

6 本命中有『擎羊』、『陀羅』、『火星』、『鈴星』的人，其身宮又落夫妻宮的人，是個對男女情愛問題注重的人，常因愛生恨。若是夫妻宮不好，例如有『破軍』、『七殺』、『巨門陷落』、『天刑』等星，會因追不到女友，或因妻子或女友感情有變化，憤而殺之而後自殺。

7 有『巨、火、羊、化忌』坐命的人，或有『巨、火、羊、化忌』運程的人，也會突然的因某事或某人憤而自殺。

吉人天相保平安

以下是藝人于楓的命盤。

我們可以看到的是：于楓最壞的流年運程，應在亥年走『廉貪陷落』的時候，人際關係不好，財運也不好，外面的環境是火爆，不友善的。

子年走得是『巨門化祿、鈴星、右弼』的運程，對宮有『天機居廟、文曲陷落化科』來相照，這一年是非口舌很多，吵架有勝有敗，運氣是起伏不定的，但總比亥年好多了。有『化祿』，而且是『巨門化祿』，只要多動嘴也會有財進。

她的身宮落在『官祿宮』，官祿宮與夫妻宮是對照的，重事業的人也會重情愛。在流年、流月、流時三度逢合『巨、鈴、陀、化忌』等星而自殺。這也是『太陰、擎羊』坐命的人容易走的路。

吉人天相保平安

于楓 命盤

疾厄宮 火星 癸巳	財帛宮 天機 文曲化科 天魁 甲午	子女宮 紫微 破軍 天刑 乙未	夫妻宮 文昌化忌 陀羅 台輔 丙申
遷移宮 太陽化權 壬辰	陰女 民國50年12月25日生 木三局		兄弟宮 天府 天空 祿存 丁酉
僕役宮 武曲 七殺 辛卯			命宮 太陰 擎羊 戊戌
官祿宮 天同 天梁 左輔 天鉞 紅鸞 <身宮> 庚寅	田宅宮 天相 地劫 辛丑	福德宮 巨門化祿 鈴星 右弼 庚子	父母宮 廉貞 貪狼 天姚 己亥

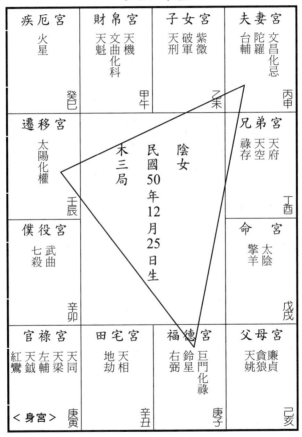

第七章

吉人天相我最行，失蹤兒童及受虐兒童保平安法

吉人天相保平安

第七章　吉人天相我最行，失蹤兒童及受虐兒童保平安法

第一節　失蹤兒童的保平安法

社會上協尋失蹤兒童的工作繼續在進行，而失蹤兒童的數目卻持續在增加，看著新聞中痛哭無依的母親，我們不禁要問：『為什麼天下竟有這種拆散母子親情，喪心病狂的事情呢？』

在社會的黑暗角落裡，將人作物件、販賣人口的事，尤其是販賣

孩童的案件，沒幾年就大爆一次，駭人聽聞。

失蹤兒童的先天命格

在紫微命理裡，孩童在未起命前，都是隨父母的『命』和『運』的。通常孩童跟隨母親的照顧較多，因此孩童的『命』和『運』較依賴母親。倘若孩童交由他人代為撫養，則孩童的『命程與運程』則隨代養人（奶媽或祖母等）的命程與運程而起旺弱之分。故而許多人在選擇奶媽時要擇人肥胖高壯、氣色好、中氣足的人。這樣小孩子也會帶得健壯、帶得好。

因此我總是建議瘦弱、身體不好的母親，倒不如將小孩交與體健氣旺的奶媽代為撫養，這樣小孩的身體、運勢也會較好。

吉人天相保平安

在紫微命理裡，水二局的人為二歲時開始起命起運。可以說自兩歲起，小孩開始有了命運。兩歲以前，他是懵懂沒有記憶的，混愕的過日子。兩歲後開始有記憶、學習能力突發猛進，進展十分可觀。據調查顯示，水二局二歲起命的人，及長到年老時，仍可記憶起小時二歲時的事情。有些人起命較晚，**木三局的人**，三歲開始起命，也在三歲時開始記憶。**金四局的人**，四歲開始起命，也由四歲開始有記憶。**土五局的人**，五歲開始起，也是五歲開始有記憶。**火六局的人最晚**，六歲開始起命，六歲才開始有記憶，也開始行自己的運程。孩童開始行自己的運程以後，吉凶自有定數，較不易受外來的干擾而被人帶走。

吉人天相保平安

從命理的角度來看失蹤兒童的命格是這樣的：

1

小孩尚未起命，父母的運氣正衰竭，小孩得不到貴人的幫助，而被壞人帶走。這種情況在小孩起命起運後，他本身的處境，會因命宮的吉凶而作變化。也許會重入一個新家庭，也許會重入父母懷抱，端看他本身命宮和父母宮的好壞而定。

2

孩童的命宮是空宮。

當孩童的命宮是空宮（無主星）時，都是屬於弱命的孩子。在幼年生活中較辛苦。

倘若命宮中無主星，而有『地劫』、『天空』入宮的人，幼年時的運程便如浪裡行船，一波三折。再有煞星來沖照，或者沖照在父母宮的孩童，與父母無緣、容易被他人帶走。

3 孩童的命宮是『空宮』，卻有『左輔』或『右弼星』單星獨坐的時候

孩童多半被別人帶大，這裡包括了奶媽、祖父母、養父母等等的狀況。

『左輔』坐命或『右弼』坐命的小孩，也是屬於命理不強的小孩，在嬰兒及幼年時期、體弱不好帶。至下一個運程、十幾至二十歲的時候運程好的話，或是父母宮好的話，也能有舒服的日子過。倘若命宮對宮遷移宮的主星居旺加吉，照會本命宮。小孩的命程也會增強。並且亦會影響到一生的運程。

4 孩童的命宮是『巨門星』陷落的人

，再有煞星來會，而且父母宮不吉者，容易被別人帶走。

『巨門星』是顆是非星，陷落時，是非尤烈。不但人自己本身愛

惹是非，而且是非也易找上他。若『巨門』在辰、戌、丑、未四墓宮坐命的人，尤其是丁年生的人，有『巨門化忌』在命宮的人，最容易被騙被拐帶。

5 有『紅艷煞』的孩童，在流年不利時容易被壞人帶走。

有『紅艷煞』的小孩多長相美麗、人見人愛，也是被歹徒覬覦的對象。

『紅艷煞』的形成，凡是在生辰八字上：

天干『甲』字，見地支『午』字。

天干『乙』字，見地支『申』字。

天干『丙』字，見地支『寅』字。

天干『丁』字，見地支『未』字。

天干『戊』字，見地支『辰』字。

天干『庚』字，見地支『戌』字。

天干『辛』字，見地支『酉』字。

天干『壬』字，見地支『子』字。

天干『癸』字，見地支『申』字。等為有『紅艷煞』的人。

也就是說，甲年生的人見日支、時支上有『午』字。乙年生的人，在日支、時支上有『申』字。丙年生的人，日支、時支上有『寅』字等等…以此類推，為有『紅艷煞』的人。

例如：

年干 甲□	年干 乙□	年干 丙□
月干 □□	月干 □□	月干 □□
日干 □午	日干 □申	日干 □寅
時干 □午	時干 □申	時干 □寅

吉人天相保平安

有『紅艷煞』的小孩，在流年、流月、流日逢『羊陀』、『火鈴』、『劫空』、『化忌』、『殺破』等多顆煞星沖照時，會遭遇歹徒的脅持帶走。因此有美麗、可愛小孩的父母們，無論男孩、女孩都要小心，以防不測。

6 **命宮是『天同』福星**，而逢『羊陀』、『火鈴』、『劫空』、『忌星』多顆同宮或沖照的小孩，多是智能不全的智障者。也很容易被歹徒拐騙偷走。

7 **命宮是『天相陷落』在卯、酉宮的小孩**，因長相不錯、個性溫和，**對宮遷移宮是『廉破』**，流年、流月、流日、流時不利時也會遺失。**但是父母宮為『天機、天梁』**，父母的智慧高有愛心，會將其尋獲。

8 **有『化忌星』在命宮的小孩**，剛好流年、流月、流日又行運在本宮的宮位時，容易遺失。再有四方、三合地位有煞星沖照的人，可能有災，而找不回來。（此即命宮為『羊陀夾忌』的人）

9 **有『陰煞星』在命宮的小孩**，不但容易犯煞，也容易犯小人，因幼兒時期正行運於本命，容易遺失被人帶走。

10 **『太陰陷落』又加『化忌』坐命的小孩**，外表怯懦、秀麗，容易被凶惡的歹徒帶走，而不敢反抗。

倘若你家有上述命格的小孩，你可得多花些精神來專注照顧他們，以免造成遺憾。

本來幼小兒童的命運即掌握在父母的手中，父母命好、運好，小孩受惠不少。父母運氣差，做事常有疏失，也是造成孩童遺失的主要原因。因此為人父母的人，也要常常檢視自己的流年、流月，以及小孩的流年、流月運程，時時注意與以預防，當不致有災禍發生降臨。

舉例一：

某位小妹妹生於一九九一年10月14日。於一九九六年3月16日在住家附近失蹤。

從命盤的格局來講，**這位小妹妹的命宮中有『天機、巨門化祿、祿存、文昌化忌、天姚』**等星坐命於酉宮。

『機巨坐命』的人，原本很聰明，口才又好。有『天姚星』，長相可愛討喜。但是有『化忌星』在命宮的人，一生是非很多。命宮有『化祿、化忌』，祿忌相逢，作雙忌論。而且具有『文昌化忌』於命

吉人天相保平安

宮的人，很會自作聰明。命宮中有『祿存星』，幼年不好養、多病。尤其疾厄宮為『破軍』，顯示身體亦多病變。其呼吸系統、心臟都有毛病，皮膚也不好，有膿腫、濕疹等毛病。

這位小妹妹本命即有『羊陀夾忌』的惡格。而六歲起運時，大運正走在這個『羊陀夾忌』的格局上。

子年流年的運程又逢『七殺、左輔、地劫、咸池』的運程，對宮雖有『武府相照』，但形成『因財被劫』的格局，對原命無以為救。

她的流月則是走『天同、天刑』的運氣。她在外面的遷移宮卻是『天梁陷落、鈴星』兩星坐鎮。沒有貴人而逢煞。而且流月之三合方亦為『羊陀夾忌』來照守，是為三重逢煞。這位小妹妹在當日失蹤時，並不會遇到什麼危難。只恐再度行運在『羊陀夾忌』三合重逢的運程，才會不利。

吉人天相保平安

某小妹妹 命盤

財帛宮 天同 天刑 癸巳	子女宮 武曲 天府 甲午	夫妻宮 太陽化權 太陰 乙未	兄弟宮 貪狼 陀羅 紅鸞 天馬 丙申
疾厄宮 破軍 壬辰	陰女 辛未 戊戌 丁巳 辛丑 火六局		命宮 天機 巨門化祿 祿存 文昌化忌 天姚 丁酉
遷移宮 沐浴 辛卯			父母宮 紫微 天相 擎羊 火星 陰煞 天空 戊戌
僕役宮 廉貞 右弼 天鉞 天喜 庚寅	官祿宮 辛丑	田宅宮 七殺 左輔 地劫 咸池 庚子	福德宮 天梁 鈴星 己亥

從『子平八字』的觀點來看這位小妹妹的命造是這樣的：『辛未、戊戌、丁巳、辛丑』。丁火生於九月，四柱多見比印、食傷，為『破格』，主骨肉浮雲、六親如流水。

這位小妹妹若能逃過此劫，下一個大運運程走父母宮，亦是『紫微、天相、擎羊、火星、陰煞、天空』，亦是不妙。一直要到四十六歲以後才會好。

舉例二：

另一位小弟弟生於一九九三年9月20日。於一九九六年7月20日在住家樓下失蹤。

這位小弟弟的命宮中有『紫微、祿存、火星、陰煞』等星。對宮亦有『貪狼化忌』及三顆很重的桃花星，『紅鸞』、『沐浴』、『咸池』

等。由此可見，這位小弟弟在流年裡犯『咸池忌』。他在子年的人緣特別好，也是人見人愛，身體瘦弱的典型。**命宮和子年流年犯雙重『陰煞』，多會小人，而且又是形成『羊陀夾忌』的格局。**

『紫微坐命』，本是主好命與好運的，但是有『火星』等同宮，況且『紫微』也敵不過『羊陀夾忌』這個惡格。

這位小弟弟是『金四局』的人，四歲開始起運。大運剛好走在『羊陀夾忌』的格局上。流年（子年）也正走在『羊陀夾忌』上，流月則是走財帛宮『武相、天姚、地劫』，對宮有『破軍化祿、天空』來照會。這是一個劫空的月份。況且流月的三合處正照守著『羊陀夾忌』的格局。流日亦逢『太陰陷落』，化科無用，且對宮有『天機陷落、陀羅』等惡星幫忙，運氣實在不好，給歹徒可趁之機，將他帶走，而渺無音訊。這是四重逢煞的結果。**倘若這位小弟弟能逃過此劫，也是要等到三十四歲以後才會轉運。**

吉人天相保平安

某小弟弟　命盤

僕役宮 太陰化科 天鉞 丁巳	遷移宮 貪狼化忌 紅鸞 沐浴 咸池 戊午	疾厄宮 天同 巨門化權 己未	田宅宮 武曲 天相 天姚 地劫 庚申
官祿宮 廉貞 天府 天刑 丙辰	癸酉　辛酉　甲辰　癸酉 金四局		子女宮 太陽 天梁 辛酉
田宅宮 右弼 天魁 乙卯			夫妻宮 七殺 壬戌
福德宮 破軍化祿 天空 甲寅	父母宮 擎羊 文昌 文曲 乙丑	命　宮 紫微 祿存 火星 陰煞 甲子	兄弟宮 天機 陀羅 左輔 天馬 癸亥

第二節　受虐兒童的保平安法

根據兒童福利聯盟的調查，每天有三個嬰兒被父母遺棄，而受虐兒童存在於各個角落之中，我們不禁要問：這些父母到底是怎麼當的？

受虐兒童的先天命格

而受虐兒童的施虐對象有百分之九十為其親生父母。多年前，有一對均為大學學歷的父母，將年僅數歲的幼兒打成重傷，送醫後為警方揭發。這些父母是何其殘忍啊！

兒童真正的命運全仰賴父母的給予。兒童『命好、運好』的人，父母慈愛，享受好，受到的教育較高，將來的成就也高。兒童『命差、運差』的人，父母無緣，像仇人、生活辛苦，受不到好的照顧，成長過程靠自己。多自我教育，運氣好的，也能有成就。運氣不好的，與鼠輩橫行。

受虐兒童最可怕的『自我教育』方式，即是從『受虐中』學習到以『武力攻擊』別人的快感，成年後，而成為一個暴虐的人。

受虐兒童的共同點

1 命宮為『空宮』的兒童。

命宮為『空宮』的小孩，本命不

強，在幼年時，沒有主見，也沒有好運氣。根本是迷迷糊糊的在過日子。

◎倘若命宮對宮有『巨門星』相對照，幼年是非較多、生活辛苦，若『巨門』又陷落，或是『巨門化忌』相照，真是問題是非又多，又惹人厭。若是父母宮再不好，幼年生活受虐的狀況嚴重。

◎倘若命宮為『空宮』，無主星，卻有『地劫』、『天空』坐命的小孩。這類小孩很聰明，但不學正道，喜邪僻之事，調皮、捉弄人最在行，是為父母、師長最頭痛的小孩。流年不利，也會成為受虐兒童。尤其是流年父母宮不佳者更甚。

◎命宮中無主星，卻有『左輔』或『右弼星』坐命的小孩。倘若在命宮四方三合處，有『擎羊』、『陀羅』、『火星』、『鈴星』、『化忌』、『七殺』、『破軍』等煞星來沖照，小孩的本命不強，因多由他人養大，可能會遺失或改姓他養。當有煞星來沖的時候，小孩本身的個性會隨環境的改變而有善惡。流年運氣也影響『左輔』、『右弼』的小孩，流年不佳時，也會成為受虐兒童。

2 六親宮皆不佳的兒童。

『六親宮』皆不佳的小孩，與家人、父母都是沒緣的人。再有多顆凶星沖照『父母宮』的人，受虐的對象是父母、師長。凶星沖照『兄弟宮』的人，則易遭兄弟、同學的虐待。

3 有『廉貞』、『七殺』、『破軍』、『擎羊』、『陀羅』、『火星』、『鈴星』、『化忌』、『地劫』、『天空』在『父母宮』的兒童，與父母相處不好，很難溝通。

4 流年、流月、流日所運行的『流年父母宮』、『流月父母宮』、『流日父母宮』不好。

有煞星坐鎮。再加流年、流

吉人天相保平安

月、流日的運程不好，『三重逢合』，會遇到受虐的事情。

5 有『化忌星』在父母宮的人，再加上三合四方有煞星來沖照父母宮的小孩，會有受虐的情形。

若有『羊刃』與『化忌』同宮，則有受虐遭血光，或死亡的問題出現非常嚴重。

舉例說明：

王小弟弟是『地劫、天空』坐命亥宮的人，命宮無主星，對宮有『廉貞、貪狼化祿、祿存』照會命宮。因『廉貪居陷地』的關係，王小弟弟一直人緣不佳。雖有『化祿』，因主星陷落，故對人緣沒有幫助。有『祿存』，反主孤單。命宮中有『劫空』二星也是主孤單、孤獨之星。

『劫空坐命』的人，很聰明、點子多，但也總是捉弄別人，無法

吉人天相保平安

交到朋友。亥年時，他也正逢這個『劫空』，又有『廉貪相照』的運，不受人喜愛，上小學一年級，短短的一年中就轉了五所學校。因為在學校老是與同學打架，受傷同學的父母，群起抗議。學校的老師也不耐其煩，故而逼其轉學。

事實上，王小弟弟從雞年起走『武殺』運程運氣就不好，在狗年時，逢『太陽、文昌、鈴星』運程，三合處有『巨門、擎羊、火星』照會時，被其父教訓，打斷了手臂。

我們可以看到王小弟弟，在子年走父母宮，『天機化忌』的運程，對宮又有『巨門、擎羊』相沖照，又再度遇難。這次是身上的傷痕、血光。**丑年的運氣是『紫微、破軍、左輔、右弼化科、天魁』。對宮是『天相』相照**，終於走到好運，少挨一點打了吧！小孩子走旺運時，頭腦也會較清晰聰敏一點，調皮搗蛋、打架惹事，也會收斂一點，當然挨罵責打也相對減少了。

吉人天相保平安

王小弟 命盤

遷移宮 廉貞 貪狼化祿 祿存 天馬 癸巳	疾厄宮 巨門 天刑 擎羊 甲午	財帛宮 天相 乙未	子女宮 天同 天梁 陰煞 丙申
僕役宮 太陰化權 文曲 陀羅 壬辰	水二局	陽男	夫妻宮 武曲 七殺 丁酉
官祿宮 天府 辛卯			兄弟宮 太陽 文昌 鈴星 天姚 戊戌
田宅宮 火星 甲寅	福德宮 紫微 破軍 左輔 右弼化科 乙丑	父母宮 天機化忌 丙子	命宮 地劫 天空 紅鸞 癸亥

第八章

吉人天相我最行，家庭暴力保平安法

吉人天相保平安

第八章　吉人天相我最行，家庭暴力保平安法

第一節　家庭暴力問題的預防

家庭暴力的問題，其實範圍很廣。應該包括了夫妻問題、受虐兒童、受虐老人等的問題。現今小家庭較多，所以老人問題，我們移後再談。

據調查顯示，凡是夫妻間有問題的人，大多數是夫妻宮不好的

人，**而以夫妻宮內有『巨門』、『破軍』、『廉貞』、『貪狼』、『七殺』、『擎羊』、『火星』的人最愛吵架。**而以夫妻宮中『破軍』、『七殺』、『擎羊』、『陀羅』、『鈴星』的人會以武力相向，打架吵鬧。若是夫妻宮單星坐『擎羊』、『陀羅』、『化忌』、『天刑』的人，會以沈靜陰險的態度冷戰。

家庭暴力問題的預防

婚姻對於一個人的影響，其實遠勝過事業、金錢。婚姻不美滿的人，無論再怎麼灑脫，也終究是心中永遠的痛。也永遠是使情緒受傷的劊子手。因此我常勸年輕的朋友在結婚前，一定要選擇個性、品德皆不錯的人，命宮主星為吉星居旺，且沒有煞星來會照的人，才與之

吉人天相保平安

結婚。

最近有許多演藝圈的女星，因去算命，而與未婚夫、男朋友分手的消息，許多人嗤之以鼻，笑談迷信。其實人多在有問題出現，而又無法痛下決心的時候去算命，命相師以五行相剋相生的道理加以解釋，最重要的決定還是屬於當事人的。別人是無法置喙的。

看到這些女星的決定，我覺得非常聰明與有智慧。發現有問題的婚姻，不需要再一腳踏入這趟渾水。對自己來說是確切實際的保護，沒有好的開始，當然也沒有好的未來。只不過多增加一個問題家庭而已，也毀了自己的一生。

在某些場合，我常會碰到一些年輕人問我：『老師，我會不會離婚？』甚至有些快結婚的人，也這麼問。

這個問題很有趣，會不會離婚？應該問你自己，你想如何經營你

吉人天相保平安

的婚姻，卻為什麼來問我呢？

大家都知道蘇格拉底的妻子是個悍婦，沒有德行，但卻成就了蘇格拉底這位大哲學家。由此可見蘇格拉底的夫妻宮是不好的了。而蘇格拉底之妻的夫妻宮卻很好，他們也沒有離婚，是不是很離奇呢？

現在，社會進步，大家對於自己的利益保護太過，對別人的要求較多，不肯自省、自我檢討自己個性、處事方法的缺失。夫妻為生命共同體。夫妻是影響你整個生命、事業、錢財（命、財、官為三合宮位）等整個生命歷程的關係人。你怎能不小心維護、戰戰兢兢、如履薄冰的善加扶持呢？

目前社會亂象群起，追究其原因，也多半是由家庭問題所延伸出來的。現在讓我們看看會遇到家庭暴力的女性會具有那些夫妻格？

具有家庭暴力傾向的配偶命格

1 夫妻宮中具有『廉貞』、『七殺』、『破軍』、『武殺』、『武破』、『廉殺』、『廉破』、『廉貪』、『巨門』、『化忌』、『擎羊』、『陀羅』、『火星』、『鈴星』（羊陀火鈴單星獨坐）的人，都擁有凶悍的配偶，在婚姻生活上不協調。容易吵架打架。

2 配偶命格為『廉貞』、『七殺』、『破軍』、『武殺』、『武破』、『廉殺』、『廉破』、『廉貪』、『巨門』、『化忌』、『擎羊』、『陀羅』、『火星』、『鈴星』、『劫空』的人，夫妻宮再不吉時，會有家庭暴力的問題。因為本身個性暴躁所致。

3 **配偶的命宮雖為吉星**，但四方三合地帶有多顆煞星來會的人，個性上也會凶狠、陰險。夫妻宮再不吉者，也會有暴力傾向。

4 **夫妻宮有『化忌星』的人**，終生與配偶糾纏不合。爭吵無寧日。

◎**夫妻宮有『武曲化忌』的人**，為金錢而吵架、打架。

◎**夫妻宮有『巨門化忌』的人**，配偶是個拗天別地古怪的人，常製造是非來爭吵。

◎**夫妻宮有『太陽化忌』的人**，若『太陽』居旺宮，不畏『化忌』，只是配偶常煩悶。若『太陽』居陷地，配偶常以事業不順遂而與妻子吵鬧。

◎**夫妻宮有『廉貞化忌』的人**，配偶常惹官非、麻煩，而做出不講理的事情來吵鬧。

◎**夫妻宮有『貪狼化忌』的人**，配偶常好女色，犯淫禍而不知悔改，家中常吵鬧無寧日。（此女性本身也不規矩）

◎**夫妻宮有『天機化忌』的人**，配偶太聰明多變，你無法跟上他的腳步節拍，而多生是非爭吵。

◎**夫妻宮有『太陰化忌』的人**，若『太陰』在亥宮居旺，則不畏『化忌』。配偶只是不會和女性相處，或因和別的女人糾纏的問題，而和你多生口角。若『太陰居陷』宮，再加『化忌』，配偶財運不佳、太窮了，工作做不長。常引起你們的口角爭吵。

◎**夫妻宮有『文曲化忌』的人**，你的配偶很不會說話，說話很難聽，人緣也並不好，這是引起你們感情不睦的主要原因。

◎**夫妻宮有『文昌化忌』的人**，你的配偶常不夠聰明、計算能力不好、或外表粗俗、或許是聰明反被聰明誤的關係，幹些糊塗事，讓你不能原諒而發生爭吵。

吉人天相保平安

5 當流年、流月、流日的運程行逢流年夫妻宮、流月夫妻宮、流日夫妻宮，不吉的時候，容易與配偶爭執，倘若再是凶星、煞星多者，會有家庭暴力的事件發生。

家庭暴力的問題，多半是長期累積的問題不能獲得解決，或者是男性怯懦的本性，在事情無法自己控制時，而以武力做一個結束。女性為求自保，應儘量不要讓暴力行為有加諸在自己身上的第一次。倘若第一次已經發生，也不能再讓其持續發生，成為慣性後，夫妻將不再有情份可言。目前社會上已對受虐婦女伸出援手，有一些機構能幫助婦女逃脫婚姻暴力的陰影，有需要的人可去請求協助。

吉人天相保平安

舉例一：

亥年將盡的冬日裡的一個夜晚，我突然接到一個年輕女子的電話，她向我哭訴先生是如何的不好，常常無緣無故的打她。有一次竟然手臂也打斷了。情況真是可憐，也讓我義憤填膺。她請我幫忙算一下她的命，為什麼這麼苦呢？她想帶著兒子偷偷的到日本去朋友的餐廳裡打拼，要跟丈夫一刀兩斷，不知前途如何？當晚我們約定第二日下午在希爾頓飯店的咖啡座見面。

吉人天相保平安

許小姐 命盤

<table>
<tr>
<td>疾厄宮
天相
陀羅
乙巳</td>
<td>財帛宮
天梁
文昌
祿存
<身宮>
丙午</td>
<td>子女宮
廉貞
七殺
擎羊
天空
丁未</td>
<td>夫妻宮
文曲
天馬
戊申</td>
</tr>
<tr>
<td>遷移宮
巨門化忌
左輔
甲辰</td>
<td colspan="2" rowspan="2">陰女
民國56年次
金四局</td>
<td>兄弟宮
天刑
天鉞
己酉</td>
</tr>
<tr>
<td>僕役宮
紫微
貪狼
地劫
癸卯</td>
<td>命宮
天同化權
右弼
9 — 13
庚戌</td>
</tr>
<tr>
<td>官祿宮
天機化科
太陰化祿
鈴星
壬寅</td>
<td>田宅宮
天府
火星
天姚
癸丑</td>
<td>福德宮
太陽
咸池
24 — 33
壬子</td>
<td>父母宮
武曲
破軍
天魁
14 — 23
辛亥</td>
</tr>
</table>

吉人天相保平安

我花了一整夜的時間為她排了命盤，研究她的命格與心態。最絕的是，我一開始看命盤就發現她在說慌。因此，整夜只想著如何讓她說真話。

這個許小姐是『天同化權、右弼』在命宮坐命的人。『天同』在戌宮只是居平陷之地、福力不強。『化權星』也相對的沒有力量。**『天同居平陷』坐命的人**，主要喜玩耍為業，做事並不積極，每日忙碌的多是吃喝玩樂的事情。

命宮對宮有『巨門化忌、左輔』來相照，是雙重是非顛倒的人。『權忌相逢』，以雙忌論，而且自以為是、頑固、霸道、不聽別人的意見，是其專有的個性。

而且『巨門化忌』在遷移宮，在外一切不順利，自己本身也喜歡製造是非、混亂來取樂。

吉人天相保平安

我們再看其夫妻宮，其夫妻宮為『文曲、天馬』。對宮回照的星有『天機化科、太陰化祿、鈴星』等星曜。由這一組對照的星組中，我們可以知道許小姐的夫婿是個外表秀麗溫和、長相文質彬彬、口才很好的男子。**有『化科、化祿』**，工作上很有能力，也很會賺錢。雖然個性上有些急躁，但配偶坐『機陰雙星』的人，絕不會是個打老婆，還打斷手的人。

第二日午後，我在咖啡座裡，見到一位態度溫和、臉上有顆痣，眼睛有些微恙，眼珠分得較開，但不明顯的小姐。看到這些特徵，不禁令我心中莞爾。

當我向她說及並不相信她的先生會打斷她的手臂之後，她竟笑了起來，承認那只是隨便說說。以前手臂確實斷過，是自己出去玩跌斷的。

吉人天相保平安

再則談及她的先生其實非常溫柔體貼，又很會賺錢，對她是言聽計從，雖然她的主意絕大多數都不算是什麼好主意，他也能勉為其難的聽從。

坐在對面的她竟然略舉雙手笑著說：『服了你了！竟然如此瞭解我們的相處方式！』

原來許小姐的夫婿比她小三歲，她高商畢業後即去做會計工作。先生才上高工一年級，為了與她在一起，轉到夜間部，白天去工作、半工半讀賺錢給她花。而她卻常常捉弄他，讓他哭笑不得。

有『巨門化忌』沖照命宮的人，原本就是愛搞是非混亂的人，卻偏偏有人愛她而甘之若飴。真是一個願打一個願挨了。

許小姐問子年過年時，要帶小孩去日本打工，問吉凶。我告訴她：『你原本是個享福的命，有人任勞任怨的賺給妳花，妳就不要再

吉人天相保平安

惹什麼名堂出來了！**況且子年走『太陽陷落』的運程，而子年的一月，正是『巨門化忌』的流月，**無喜恐有禍，萬萬小心才好！不然又捅出什麼事情出來，麻煩就大了！』

她聽了我的話，抿嘴笑笑，不知又有什麼主意了。

舉例二：

另一個故事，則令人無限唏噓了！

亥年時，有一個男子，自稱老婆無緣無故離家出走，想請我為其看看，老婆何時會回家？

在把這個長相並不溫和的男子的命盤排出後，我們看到一些端倪。

廖先生是『廉殺坐命』的人，『身、命』同宮，是個性格剛烈的

吉人天相保平安

人，**四方三合地帶又有『巨門居陷、陀羅、武曲化忌、破軍、火星、貪狼』等煞星來沖照，**思想模式是一個剛烈、扭曲、霸道、頑固、重視自身利益的方式。**他的夫妻宮是『天相、鈴星、右弼、天馬、天鉞』，**可見其妻相貌不錯，頗為美麗。但夫妻宮有『武曲化忌、破軍、祿存』等星來沖照，可見夫妻間的問題多是因『錢』而起。

廖先生自訴，與女家關係並不很好，但由其妻出面向妻姐、岳母等人借了幾佰萬元來做生意，生意失敗後，一直沒還清。老婆因認為他不可能還錢而棄小孩於不顧離開而返岳家。（你看！命盤上顯示的資訊可讓他清楚的招供）。**在亥年，廖先生的走的運程是『武曲化忌、破軍、祿存』的流年運程，而且這是一個『羊陀夾忌』的惡格。**『祿存』也難解忌星。在這一年中，廖先生本身的運氣太差，賺不到錢，而且思想上也太偏激，有與石俱焚之念。

廖先生 命盤

夫妻宮 天相 鈴星 右弼 天馬 天鉞 乙巳	兄弟宮 天梁化祿 文曲 天姚 丙午	命宮 廉貞 七殺 <身宮> 丁未	父母宮 文昌 戊申
子女宮 巨門 陰煞 甲辰	陽男 水二局		福德宮 左輔化科 天空 己酉
財帛宮 紫微化權 貪狼 火星 天魁 癸卯			田宅宮 天同 陀羅 庚戌
疾厄宮 天機 太陰 天刑 壬寅	遷移宮 天府 地劫 紅鸞 癸丑	僕役宮 太陽 擎羊 壬子	官祿宮 武曲化忌 破軍 祿存 辛亥

吉人天相保平安

他告訴我，妻子走後，他將三個小孩送回鄉下，交與母親寄養，不給妻子見面。小孩因為很思念母親，終日哭鬧。有一次，當他回去看小孩，拿生活費給母親，準備開車回台北時，小孩哭著追出來，叫著要媽媽；他頭也不回的開車走了。小孩在後面追，接著，一輛車撞上來，將小孩壓在車下；他回台北後，接到母親的電話，要他再回去，說小孩傷重住院，很是危險。

聽到這樣的故事，真的讓人很難受。大人因為報復的心理，毀了孩子的一生。我極力的勸解他用溫和理智的方式來解決問題。一個男人帶養三個小孩很吃力，母親也年老了，心有餘而力不足。倒不如將子女交與其母，自己也好省些力氣。將來大家見了面，都會有溫暖美好的時刻。但是這廖先生非常頑固的決定，永遠不讓其妻見到小孩，真是令人打冷顫的一個決定啊！

吉人天相保平安

我們可以看到廖先生子年的一個運氣，『太陽、擎羊』皆陷落。三合處再有『巨門陷落』來沖照，這是一個會以自殺收場的結局。萬一惡事成真，你想想，一個年老的阿婆帶著三個伶仃幼子，小孩子前途又會是怎樣的結果。**廖先生的子女宮原本是『巨門陷落』**。可見他並不重子女親情的關係，只是用子女來做傷害他人的籌碼罷了！真為這些人悲哀啊！

子年後，我並沒再得到此人的任何消息，因此不知所終。

第二節 『因財被劫』與家暴問題

最近有婦女被悍夫家暴致死的社會新聞，十分令人震驚！也十分令人惋惜不捨。一條好好的生命就被無用的凶神惡煞所掠奪了。因此我想到一些問題想與大家共同討論。

原本，所有的人類全都會有趨吉避凶的天生本領。這是人類在物競天擇而生存的基本本能。否則人類早就隨著天災人禍而滅絕了。因此每個人自從懂事之後就必須知道：『天生對自己不利的事情是什麼？』

從命理的角度來看：這位被家暴致死的婦女，肯定是夫妻宮不好，而且是夫妻宮有凶煞星的了。

一般來說：凶暴、殘暴的人，其人命格中必然有『因財被劫』的

吉人天相保平安

格局。某些命窮的人也是會有這種『因財被劫』的格局。因此家暴問題整個來看，就是一莊『因財被劫』的傷害暴亂問題。

很多人以為一定要有『武殺羊』、『廉破羊』等才為『因財被劫』的格局。其實不然，凡是『祿逢沖破』又再遇煞星的，也都算是『因財被劫』的格局。像是『武破、陀羅、祿存、火星』同宮，或是『天相、祿存、天空、地劫』，亦或是『天機化忌、祿存、天空、地劫』、『天府、擎羊』等的狀況，也都算是『因財被劫』了。

『因財被劫』的格局在事態上，一種是害人，自己為凶煞神，因錢財問題去殺人、害人。另一種是『被害』，也會因錢財問題而遭殺害。**還再有一種**：有時候你並不缺錢，但是命格上有此格局，**時間逢到，也會遭災致命**。多年前澎湖有一家銀樓遭搶，突然闖進惡賊朝老闆開槍致死，也是老闆命逢『因財被劫』的格局的結果。

吉人天相保平安

『因財被劫』的格局在運氣上來說，會發生不幸的事情及有災禍發生。這是必須要事先防範，並睜大眼睛小心渡過的時間運氣。

『因財被劫』的格局在六親宮出現，則要小心家人或朋友對你不利。這種惡格在那一宮，就代表那一宮有惡煞神。會致人於死的惡煞神，就可能是其人的天敵了，還傻傻的不知道，還找他去要回欠款，真是十分準確的應了『因財被劫』的格局了。

因此我在這裡呼籲有家暴問題的朋友們，不要再忽視你自己和家人的安全！先檢查一下自己的命盤中那一宮最差，原因是什麼？有沒有造成身體傷害的事證，如有，就要趕快想法脫離，尋找更好的生活環境，你會找到你的財。『天生我材必有用！』每個人只要活著都是有用的！千萬不要悲觀！

第九章

吉人天相我最行，刀光劍影保平安法

吉人天相保平安

第九章　吉人天相我最行，刀光劍影保平安法

這裡所指的具有『刀光劍影』命格的人，主要是談些個性凶悍，剛硬，在命理學上稱為『殺氣重』的人的命格。

具有刀光劍影命格的人

這本書中談了這麼多遭災、遭禍的命格，都是屬於一些『弱

命』、『弱運』的人，那麼具有『刀光劍影』的命格的人，總該是個『命強』、『命硬』，運氣強勢的了吧？但是，那也不見得！雖然我們都覺得這種『強命』、『硬命』的人，都是會對別人產生侵略性影響的人。但『殺氣重』的人，命格與命程上有好有壞，不一定全是匪類。**相反的，某些『殺氣重』的人，**因為個性剛硬堅定，反而可以在事業上有所成就。**且聽我一一道來。**

例如：

七殺坐命的人

『七殺星』獨坐命宮時，不論是在子、午、寅、申、辰、戌宮都

吉人天相保平安

是居旺廟旺之地。『七殺』沒有陷落的時候，最差也只是居平，而且會和『紫微』同宮，因此也不壞，只是忙碌而已。**『七殺坐命』者的通性是眼大性急、個性倔強、有威嚴，使人望而生畏**。做事速戰速決、好動不好靜。少年時坎坷、身體也不好、外傷多。一生辛苦勞碌，但吃苦耐勞、堅忍不拔，通常在事業上都會有成就。

『七殺坐命』的人好爭，當仁不讓的硬派作風，也讓人懼怕。

『七殺』在子午宮坐命的人，對宮是『武曲、天府』，在外的物質資源非常好，賺錢容易，但是也造成『因財被劫』的關係，人很小氣吝嗇。

倘若『七殺與羊刃（擎羊）』同宮坐命的人，肯定是個本命受剋很嚴重，內心起伏大、想很多、又帶有陰險凶惡的惡徒，靠掠奪、侵佔財物過活。要不然身體也會有傷殘現象。若是再為壬年生的人，有

吉人天相保平安

『武曲化忌』時，肯定是賺黑心錢了。

『七殺』在寅申宮坐命的人，對宮是『紫微、天府』，外在的環境優渥順利。但是己年寅時生的人，和辛年丑時生的人，有『羊陀夾忌』的惡局，流年、流月遇到，恐有不測。這兩個命局的人，官祿宮與朋友宮都不好，雖然他們有偏財運，會不走正道，很可能他們在爆發財運之後，就要面臨災禍的考驗了。

『七殺』在辰、戌宮坐命的人，對宮是『廉貞、天府』。雖然他們有些小氣，但在外面很會交際。乙年、辛年生的人，**很容易形成『廉殺羊』的惡局**。丙年、戊年、壬年生的人，**形成『廉殺陀』的格局**，大運流年、流月『三重逢合』，有『惡死』和『死於外道』的危險。再加上這些年份出生，又是『七殺坐命』的人，命宮裡有『羊、陀』同宮或相照，本性陰狠、交際手腕又好，多是大哥級的人物，因此惡死的成份也升高了。

紫殺坐命的人

『紫殺坐命』的人，要比『七殺』獨坐命宮的人，長相要氣派得多，也比較得到人的尊敬，人際關係也較好，這是因為『紫微』帝座與『七殺』殺星同臨命宮的關係。

『紫殺坐命』的人不畏煞星來沖剋，倘若在四方三合處有『地劫』、『天空』及『化權星』來照會，可做寺廟的住持。

請看星雲法師的命盤，即為此證。

吉人天相保平安

星雲法師 命盤

命宮 紫微 七殺 右弼 陀羅 天馬 6—15 乙巳	父母宮 祿存 文曲 天姚 丙午	福德宮 擎羊 丁未	田宅宮 文昌 台輔 戊申
兄弟宮 天機 天梁 封誥 陰煞 16—25 甲辰	火六局	陰男	官祿宮 廉貞 破軍 天空 左輔 天鉞 86—95 己酉
夫妻宮 天相 26—35 癸卯			僕役宮 76—85 庚戌
子女宮 太陽 巨門化忌 天刑 36—45 壬寅	財帛宮 武曲 貪狼 地劫 46—55 癸丑	疾厄宮 天同化權 太陰化祿 鈴星 56—65 壬子	遷移宮 天府 火星 天魁 66—75 辛亥

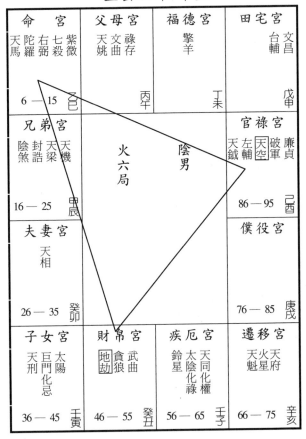

武殺坐命的人

『武殺坐命』的人，雖然對宮是『天府』祿庫，但是『武曲、天府』雙財星被殺星所剋，**還是『因財被劫』的格局**，賺錢辛苦，留不住財，個性吝嗇，而且他的財帛宮處在『廉貪陷落』的宮位，當然想好也好不起來。但是『武殺坐命』的人非常想賺錢，倘若再有『羊、陀、火、鈴、化忌星』沖照命宮，其人也會是心狠手辣、陰險狠毒的犯案者。巳、亥年弱運時，也會鋃鐺入獄。

吉人天相保平安

廉殺坐命的人

『廉殺坐命』的人，是個性頑固的狠角色。做任何事情很能堅持到底。倘若有『羊、陀、火、鈴』四星俱全的來照會，其人較惡質、凶狠。且有橫死之虞。因為有『羊、陀』照會與同宮，即形成『廉殺羊』、『廉殺陀』的惡局了。

廉破坐命的人

『廉破坐命』的人，很能吃苦耐勞。平常陰沈少話，但一開口較狂妄。為人很衝動，容易和人起爭執。

『廉破』加『火星』、『鈴星』、『擎羊』、『陀羅』坐命的人，會有想不開的念頭。若與人結仇、很衝動的想與人同歸於盡，是個很可怕的人。『廉破坐命』的人，也很容易入黑道，或擺流氓的架勢。有『劫、空』同宮好，入廟為僧可得教化。

巨門坐命的人

『巨門坐命』的人，有很重的疑心病，遇事反覆無常，倘若『巨門』居廟旺之地時還好，為人口才好，可從教職、推銷員、民意代表會很有發展，但也一生是非不斷。

『巨門陷落』時，口才不好，是非更多。再遇『化忌星』時，人較惡質、廢話多，且不行正道、喜入鼠輩之列。四方三合處煞星多的人，為匪徒為盜的人很多。**有『羊陀夾忌』的人惡死。有『巨、火、**

羊』格局的人，多自殺或被火燒死。

吉人天相保平安

廉貪坐命的人

『廉貪坐命』的人，本來就是個易犯官非、喜邪門歪道、沒主見又意見多的人。有『陀羅、火鈴、化忌星』同宮或照會時，更會犯下淫禍，是一個極端惡質的敗類、惡棍。也會因追求酒色財氣而喪生。

破軍坐命的人

『破軍坐命』的人，其個性最是讓人難以捉摸的，反覆不定、私心重、疑心也重，報復心也重，很會記恨。為人幹勁十足，敢愛敢恨、說話很衝，容易得罪人。『破軍坐命』的人，一生的轉變多，喜創業。**『破軍』居旺時**，事業較有表現，但一生的運程變化較多。前考試院長**許水德先生乃是『破軍坐命』的人**。

『破軍陷落』坐命時，會有破相或麻臉的狀況。而且個性奸滑、凶暴、六親不認。

『破軍星』是爭戰的星，喜爭強鬥狠，因此是不論旺弱在命宮坐命時，四方三合地帶，再有『羊、陀、火、鈴、七殺星』來沖照，定會爭戰殺伐，以惡勢力為業。

武破坐命的人

『武破坐命』的人，因財星『武曲』逢破，一生財運不佳，也算是個『因財被劫』的人。個性上兼而有之『武曲』的剛直衝動，與『破軍』多疑善妒、奸滑凶暴的個性。在命宮的四方三合地帶多會羊陀、火鈴等星，為人惡質。

『武破』的人多喜歡打麻將賭博，是個天生的投機份子，有『火、鈴』沖破的話，即使是從事黑道的人，也多混跡賭場，或靠女人吃飯為業。

擎羊坐命的人

『擎羊坐命』的人，外型非常好認，臉呈『羊』字形。有傷殘或破相，陷落的人，多麻臉渺目。

『擎羊坐命』的人，個性剛暴奸滑，是非多。容易從事殺氣重、是非多的行業。

倘若是龍年、狗年、牛年、羊年生的人，再坐命於辰、戌、丑、未宮的人為入廟。如四方、三合處來會的煞星少，則人還會有成就，可做外科醫生，或執行法律的執法者、屠宰業、或與刀有關的行業等。

『擎羊星』落陷坐命時，則是雞鳴狗盜之士了。如再有『火星、鈴星』來會照沖剋，惡性更是重大，殺人不眨眼。

於一九九七年四月三十日捕獲殺死舞女而分屍的楊金合，羊字險、瘦小猥瑣、狠毒，即是此命造。

又如一九九六年劫持麥當勞運鈔車、堅守自盜的嫌犯，亦是此命造。

因此我們知道『擎羊坐命』者，不論旺弱，都有奸滑好爭鬥、霸

道、不講理、愛計較的個性。為了社會的治安著想，為人父母者，也應該少生產幾個『擎羊坐命』的人，以免害人害己。

陀羅坐命的人

『陀羅坐命』的人，一生也是是非、凶厄多。個性陰狠、固執、記恨心強，精神上有長期的折磨、痛苦，很難為人瞭解。**單星坐命的人**，一生波折大，心境不能平衡。有『化忌、火、鈴、殺、破、劫、空』等星沖照時，也是雞鳴狗盜之士。**有『陀羅』及多顆桃花星照守命宮時**，會成為強暴犯，專幹傷天害理的事情，這也是我們不喜歡見到的命格。

吉人天相保平安

火星坐命的人

『火星坐命』的人，多毛髮有異相，會發紅。個性激烈、易怒。爭強鬥狠、急躁不安。

居陷時，也是有麻臉、傷殘、外虛內狠情況。

『火星坐命』的人，必須照會『貪狼』，或與『貪狼』同宮。爆發運可解其人的狠毒。否則也是一生勞碌，多在下層社會裡打混過日子或做打家劫舍的勾當。

『火星』加『左輔』、『右弼』入命宮的人，多精神不正常，有精神上的疾病，有妄想症。這是『左輔』、『右弼』輔助了『火星坐命』者怪異行徑的特殊表現。

『左輔』、『右弼』二輔助之星，若輔吉星，人的命程為之更吉。

若輔助凶星。則助紂為虐更甚。**如『七殺』加『左輔』同宮的人**，為盜、為小偷。

吉人天相保平安

鈴星坐命的人

『鈴星坐命』的人，心胸狹窄、智慧高，比『火星坐命』者陰險，也是個性激烈的人。

倘若沒有『會貪狼』而橫發，也會走向凶煞之途。

倘若橫發格裡之『貪狼』又逢『化忌』，則會因作惡事而爆發財運，成為江洋大盜。這也不是善良百姓所樂於見到的命格。

地劫坐命的人

『地劫』是屬於時系星，『地劫』單星坐命時最凶，倘若又是坐命於巳、亥宮，再遇對宮是『廉貪』來照會的人，性格頑劣，喜邪僻之事。個性喜怒無常，是非多，又吝嗇，在四方三合地帶沖照的煞星多的人，會因惡貫滿盈而夭亡。

從上述中可以得知，凡『殺氣重』的人，再有四方三合地帶來會的煞星多者，為禍最烈，會成為社會的敗類，人類的剋星。

但這些剋星絕大多數是命程與運程不好的，當他們走弱運時，也會作奸犯科犯下大案子，最後的結局，不是蹲苦窯，就是惡死以了結。

賺錢智慧王

法雲居士⊙著

偏財運會創造人生的奇蹟，人人都會賺錢，每個人求財的方法都不一樣，但是有的人會生財致富，有的人會愈做愈窮，到底有什麼竅門才是輕鬆致富的好撇步呢？
這本『賺錢智慧王』便是以斗數精華，向你解盤的最佳賺錢智慧了。
有人說：什麼人賺什麼錢！這可不一定！
只要你得知賺錢的秘笈，也一樣能輕鬆增加財富，了解個人股票、期貨操作、殺進殺出的好時機、賺錢風水的擺置、房地產增多的訣竅、以及偏財運增旺的法寶、薪水族以少積多的生財法。
『賺錢智慧王』教你輕鬆獲得成功與財富。

第十章

吉人天相我最行，牢獄之災及桃花淫禍保平安法

吉人天相保平安

第十章　吉人天相我最行，牢獄之災及桃花淫禍保平安法

第一節　如何看有牢獄之災之命格

在我命相生涯裡，遇到許多官司纏身而來詢問有沒有牢獄之災的人，在這些人中，包括了因財務糾紛，因政治因素而來問災解惑的人，也有一些是因衝突而起干戈被人所告，或是做放高利貸，及一些

晦暗之事的人來問災。其實這些人，在來問災之前，都已心知肚明的自有定數了吧！

牢獄之災的命格

看有沒有牢獄之災，其實很簡單，抓住幾個要點，便能心領神會的自己看了。

例如：

1 流月、流年走有『化忌星』的運程，再加上有『白虎星』、『貫索』等星的運程時，比較易於有牢獄之災。尤其是主星為『巨門』時更驗證。

2 流年、流月逢『天相陷落』，再有煞星『羊、陀、火、鈴』來會，且『貫索星』在流月裡，會有官禍。『天相』為印星，主官祿。『天相』逢煞，印章失效，再加『貫索』、『官符』、『大耗』等星時，有牢獄之災。

3 流年流月走『廉貞、天相、羊刃（擎羊）』的運程時，為『刑囚夾印』的格局，會惹官災。

遇到『廉貞、天相、天刑、化忌』等星在四方、三合地帶相互照守的運程時，官災嚴重，會坐牢。

4 有『廉貞、擎羊』加『左輔』、『右弼』入命宮的人，流年、流月再遇『化忌』、『白虎』、『官符』、『貫索』、『大耗』等流年歲星時，會因為做盜賊而被關起來。

吉人天相保平安

5 **流年、流月走『太陽陷落化忌』的人**，再有『巨門』、『官符』、『貫索』、『大耗』等星同宮，且在流年、流月的宮位時，該年、該月會去吃牢飯。

6 **命盤格局中有『武殺』、『武破』的人**，流年、流月行運此宮，再有『化忌』、『擎羊』、『陀羅』、『火星』、『鈴星』、『天刑』、『白虎』、『貫索』、『官符』等同臨者，會因金錢的關係鋃鐺入獄，是『因財被劫』的關係。

7 **有『廉貞、貪狼、陀羅』同宮格局的人**，再有『化忌』、『天刑』、『白虎』、『貫索』、『官符』等星沖照的人，流年、流月運程行經此宮，會因色情之事犯案而入獄。

吉人天相保平安

8 『廉貞、天相、羊刃』再有照會桃花星多的人，

流年、流月逢之，也是因桃花官司而入獄的人。沒有桃花星的人，則會因受冤屈而惹官司事件。

9 『廉貞坐命』的人，易犯官符，陷落時災禍更深，

如流年、流月逢到『化忌』、『官符』、『大耗』、『貫索』、『白虎』等星，會有災禍發生。

大家可以看到的是，上述九條中，每一條都有一個關鍵的星曜『貫索』。『貫索』在命理中到底代表什麼意義呢？

『貫索』主困、主獄災，有被困起來的災禍。通常『貫索』與

吉人天相保平安

『巨門』、『廉貞』、『天相陷落化忌』這些是非、官星、印星在一起時，主官災獄禍。

倘若與『病符』、『大耗』、『小耗』、『晦氣』和五行長生十二神中的病、死、絕同宮時，會住醫院、得重病。

倘若『貫索』與『病府』…等星同入流年疾厄宮時更準。

大家可以此來觀察自己的運勢。

不管如何，就算是你再會看流年，再會解讀牢獄之災的年、月、日。此事最好還是不要發生的好，『多行不義終自斃』！終究是千古不變的真理啊！與是非遠離，不要賺是非的錢財，斷了與是非有關的貪婪念頭，才是真正解除牢獄之災的方法呀！

第二節　桃花問題會影響人生架構

近來，某藝人之夫，又是美容整型醫師的人物總被狗仔拍到出軌形跡，大家都很好奇這桃花多到底是好、還是不好呢？

其實，從命理的角度來講：命理中有『桃花滾浪格』。當人有此格局時，便不由自主的會被桃花牽著走，有時他自己也不知道自己在幹什麼。

通常，桃花太強的人，一定會影響事業。不是事業做不長久，就是功虧一潰。再則因桃花傷身或身敗名劣。通常能考上醫學院，能成為醫生的人，成績都不錯會高人一等，而且命格中能有主貴的機運，也就是『陽梁昌祿格』的機運。但桃花過多時，會毀壞了此機運，其人會變得向財，但桃花過強的人也容易財來財去一場空。因為賺桃花財的人就像得偏財運的人一樣，是會暴起暴落而財來財去很快的。這也完全影響了其人的人生架構及一生的運程了。

到底人為什麼會形成這種桃花格局呢？

其實這個具有桃花格局的人本身也很無辜，因為他被生為這個時間、這個命格的人，因為自己被生出來是沒辦法選自己想要的時間的，你只能就你能擁有的生命來展現才華，實際上就被限制住了。同樣的，命裡桃花少的人也是因為八字中缺桃花或財少，而形成如此格局的，亦可能不婚或結不了婚，而人生寂寥。

到底人為什麼會形成這種桃花格局呢？

其實我在《如何掌握桃花運》一書中有詳述這種狀況。例如：

吉人天相保平安

凡是在八字上以年干見日、時為準，有：甲見午、乙見申、丙見寅、丁見未、戊見辰、辛見酉、壬見子、癸見申等為有『紅豔煞』的人，多長相嫵媚，風流多情，秋波流轉。

年	甲□	年	乙□
月	□午	月	□申
日	□午	日	□申
時	□午	時	□申

凡是寅午戌年生人，納音屬火，見『卯』月日時。**巳酉丑年生人，納音屬金**，見『午』月日時。**申子辰年納音數水**，見『酉』月日時，**亥卯未年生人，納音屬木**，見『子』月日時。**是為咸池，亦為『桃花煞』**。

吉人天相保平安

時	日	月	年
□	□	□	□
午	午	午	丑

時	日	月	年
□	□	□	□
午	午	午	巳

時	日	月	年
□	□	□	□
午	午	午	酉

時	日	月	年
□	□	□	□
卯	卯	卯	戌

時	日	月	年
□	□	□	□
卯	卯	卯	寅

時	日	月	年
□	□	□	□
卯	卯	卯	午

其他還有『遍野桃花』及『咸池陽刃』。

我猜想這位醫生很可能是甲寅年生人，八字月日時支上有午、卯等字，是『桃花煞』、『紅豔煞』、『咸池陽刃』集其一身的人，因此要小心水火相沖之年會有災。

另外，命理上看桃花問題也要看田宅宮。

田宅宮是人福德上之財庫，是金錢享用之財庫，也是身體內藏精力之財庫。男性田宅宮好，精力充沛，是不須要吃威爾剛來助陣的。相對的如果田宅宮有桃花星咸池、沐浴、紅鸞、天姚、文昌、文曲、左輔、右弼、天魁、天鉞等和破軍同宮，**即為『桃花耗』**。就會產生傷害身體健康及耗財的狀況了。總而言之，桃花有一點，算人緣桃花，有利生財的機會，如果過多，即會耗財，也不利人生和事業上的發展，人生終究是一場空的。

吉人天相保平安

▼吉人天相保平安

女子桃花少，不易結婚，要先看田宅宮及子女宮的問題

女子若田宅宮不佳，子宮一定較弱或有問題。要先去看醫生及治療。子宮不好能分泌的女性荷爾蒙也少，自然異性緣不強。月經太少或一年沒來幾次的人年輕女子，要小心更年期提早到來。

這些身體上的問題在八字上或紫微斗數上都會一清二楚的，如果還年輕，就來得及改善，趕快找醫生治療，中醫西醫都可以。拖太久就無法改善了。桃花少、沒結婚也都屬於命中傷剋問題，也都是人生不美滿的原因，因此不能太忽視此問題。

第十一章

吉人天相我最行，錢財耗損及人災保平安法

吉人天相保平安

第十一章　吉人天相我最行，錢財耗損及人災保平安法

第一節　因『人災』而起錢財耗損的預防

所謂『人災』即是因人而起的災害。普通人會犯『人災』的狀況，多半是交友不慎而被陷害、拖累，被倒會損失錢財，或是欠債不還而人跡消失等等的狀況。其實『人災』的狀況還包含了許多的原因，現在我們單就錢財耗損這個部份加以討論。

吉人天相保平安

錢財耗損的『人災』

通常與你的財務發生關係的大多為家人（兄弟、妻子、父母、子女）、朋友、事業上的夥伴等人。因此我們看『人災』時首重看『僕役宮』與『兄弟宮』這組星曜。倘若你的『人災』是由事業而起的，你不僅要看『僕役宮』與『兄弟宮』對照的星群，還要看『官祿宮』與『夫妻宮』對照的星群。倘若你的『人災』是由子女所引起的，請看『子女宮』與『田宅宮』對照的這組星曜來判斷吉凶。倘若你的人災是由長輩所引起的，必須看『父母宮』與『疾厄宮』對照的這組星群。

一般我們與朋友要好的情誼，往往親如兄弟。這是一種平輩的關係，因此在斗數中，兩者是對照的。也往往是因為關係親密，才會有銀錢信任的往來。

因朋友兄弟而起的人災

在我們觀看『人災』的時候，主要是以流年、流月的『活盤』為主。在流年、流月的『活盤』裡。流年財帛宮不佳，有『化忌』、『地劫』、『天空』、『七殺』、『破軍』、『擎羊』、『陀羅』、『火星』、『鈴星』等煞星侵臨時，或財星被劫時，財運不順有破耗。再看流年、流月之『兄弟宮』、『朋友宮』亦是不佳，**如有『同巨』在丑未宮；『巨門』居辰、戌宮；『天機』居丑、未、巳、亥宮；『破軍、天相』居卯、酉宮；『武殺』、『廉殺』、『廉破』、『廉貪』、『七殺』、『武破』、『天梁』居巳亥宮；『太陰』居卯、辰、巳、午、未宮；**

『太陽』居戌、亥、子宮的人，可能會遭受朋友或兄弟所加之不吉災禍。若流年財帛宮亦有上述這些星，則錢財受損是必然的了。這就是『人災』。通常朋友宮與兄弟宮中有『廉殺』、『廉破』、『廉貪』、『武殺』、『武破』、『同巨』、『化忌』者更驗。

因事業而起的災害

要看因事業而起的耗損狀況，或因妻子帶來的災禍，要看『事業宮』與『夫妻宮』相對照的這組星。

首先我們還是要先看『活盤』裡流年、流月裡的財帛宮是否昌旺，是否完好，倘若也是『武殺』、『武破』、『廉殺』、『廉破』、『劫空』、『化忌』這些星，肯定是『因財被劫』，或耗損成空了。也證明該年、該月財庫受損了。再尋找原因：

看流年、流月事業宮（官祿宮）與夫妻宮裡，有沒有上述的『廉破』、『廉殺』、『武破』、『武殺』或『太陽陷落』、『太陰陷落化忌』等星。再看四方三合地帶有沒有『擎羊』、『陀羅』、『火星』、『鈴星』、『地劫』、『天空』、『化忌星』來照會。如果煞星亦多，也形成了因事業上之不順而引起金錢耗損的原因了。

若因事業合夥人而起的金錢糾紛，還是要看流年、流月朋友宮、兄弟宮的這一組對照的星曜，看是否是朋友宮運逢陷地而定。

因子女而起的人災

很多父母在教育子女的時候，都會遇到一些棘手的問題。例如小

吉人天相保平安

孩不聽話、打破損壞了別人的東西要賠錢。或者有些父母有不肖的子女，耗損家產。父母健在就爭奪家產的繼承權等等，這些都算是因子女而起的『人災』。

因子女而起的人災問題，要預先發現，就可先算出流年中的第一個月（一月的所在之處），然後逐月檢查其流年、流月的子女宮和田宅宮，看看那一個流年或流月的子女宮或者田宅宮是逢煞星侵臨的。**或是有『化忌』、『地劫』、『天空』、『七殺』、『破軍』、『擎羊』、『陀羅』、『火星』、『鈴星』、『巨門』等星沖照的。『因財被劫』、『羊陀夾忌』**也都是不好的格局。

倘若有煞星在流年、流月的『子女宮』或『田宅宮』同宮或沖照，則表示該年、該月與子女的關係欠佳，也可說是惡劣。而家宅也是不寧、多是非的。如此你就可小心謹慎，或做事前疏導或是加強自己的心理準備工作，在事發之後才不致慌亂，也可在事前即想出一套智慧的方法，讓其不要發生。或是如何把自己的金錢損失降到最低。預防勝於治療，溫和的疏導勝於責罵，將會更有效。

吉人天相保平安

舉例說明：

前不久，一位南部鳳山地區的富家子，到歐洲觀光七天，就花掉台幣一仟萬元，沒買任何東西，只是沈溺酒色的高消費而已。令其母欲哭無淚。

平常這位仁兄即認為在家族中不受重視，本身又無能耐經營事業，母親健在又尚未分家，故而做出此事引起家人注意。倘若你有這樣的兒子，是不是也有椎心之痛呢？這個母親在流年、流月中一定是有破耗之星在子女宮和田宅宮相對的這組星群中的。若能及早預見，想法子疏通，也許就不必發生這樣的事情了。

吉人天相保平安

舉例說明：

前不久，一位朋友氣急敗壞的來找我，希望我能幫她的兒子看看命。她言道：她的兒子今年虛歲十九歲，是個不愛講話的人，也不知他的心裡在想些什麼？目前在唸高工電子科。

三年前，當他還在上國三時，有一天，一個自稱是兒子朋友的人找到家裡來，宣稱她的兒子欠他很多錢，都是買安毒的錢。

這一聽，非同小可，她從來不知道兒子已吸安毒。大驚之下將兒子狠狠責罵，家中真是雞飛狗跳一般。雖然兒子再三辯解沒有吸毒，可是父母親都不相信。

看著眼前這個要債的小混混，老實的父母也沒辦法，只好掏出了幾萬元，替兒子還債。

吉人天相保平安

可是這個小混混食髓知味，常常來討債，朋友的家中真是愁雲慘霧。一次，她的兒子與小混混大打出手，兒子傷重住院，驚動了警察前來查問。才發現小混混早已是登記有案的安毒犯。而兒子真的沒有吸毒，事情才告一段落。

今年，這位母親很希望兒子能考上技術學院，不要再重複以前的覆轍。特來找我為其解惑。

我們可以看到這個年青人的命盤是『武貪坐命』丑宮的人，而且是『武曲化祿、貪狼化權』，再加『鈴星』，是個『武貪』加『鈴貪』雙重爆發運的人。因對宮有『擎羊、文曲化忌』來沖對，故而不善言談、不喜說話，因為一說話便容易出錯有是非，故而少說為妙。

『羊刃和化忌』雖然沖到他的『武貪』、『鈴貪』格，一般在命理上，算是破格，但是可解。丑年流年、流月遇爆發運之月份前，必

吉人天相保平安

有是非、血光而後大發。

現在來談他的人際關係。他的『擎羊、化忌』剛好在遷移宮。在外面是非、血光多，外面的境遇較凶險，因此多喜歡待在家中。所幸『羊刃居廟』，為害不算太大。但也要小心大運流年、流月、流日所形成的『廉殺羊』格局，便不妙了。

幾年前狗年時，其流年的兄弟宮為『廉破』，其流年的朋友宮逢『天相陷落及陰煞（犯小人）』；這兩宮相照的星曜，促使他在狗年流年裡，與兄弟姐妹和朋友的關係不好。尤其是『廉破』這兩顆星，會讓人交上壞朋友而產生損耗。因此才發生了有人來要債討錢的事情。該年農曆九月逢『羊刃、化忌』，於是與小混混衝突而生血光傷災住院。

你看！在紫微斗數命盤中，一字不差的應驗了這位小兄弟的『人

吉人天相保平安

災』事件！

這位母親煩惱的說，實在很擔心家中這唯一的獨子會變壞。

我告訴她說：『妳放心好了！這個兒子絕對不會變壞的！『武貪坐命』的，又有『權祿』同宮坐命，個性很固執，有他一定的道德標準，自視很高，不肯同流合污。個性吝嗇，對於惡徒讓父母花錢，被敲詐很不甘心，才與對方打架死拼。

『武貪坐命』的人，因為本身自知有暴發旺運的機會，會一步登天，固而自視很高，做事也很打拼，肯定是將來前途無量的人，事業、財產不能盡數。

可是在他的命格中，流年裡還是再三的會逢到這個『廉破、陰煞』的壞朋友運及人災的問題。經過前次的教訓後，父母要懂得與兒子溝通的方法。兒子會更加警惕交朋友的尺度，這未嘗也不算一件好事吧！

李小弟 命盤

官祿宮 紫微 七殺 陀羅 己巳	僕役宮 左輔 祿存 庚午	遷移宮 文昌 文曲化忌 擎羊 <身宮> 辛未	疾厄宮 右弼 天鉞 天空 壬申
田宅宮 天機 天梁化科 戊辰	水二局	陰男	財帛宮 廉貞 破軍 台輔 癸酉
福德宮 天相 天姚 陰煞 丁卯			子女宮 甲戌
父母宮 太陽 巨門 地劫 天馬 丙寅	命宮 武曲化祿 貪狼化權 鈴星 丁丑	兄弟宮 天同 太陰 火星 天魁 丙子	夫妻宮 天府 天刑 乙亥

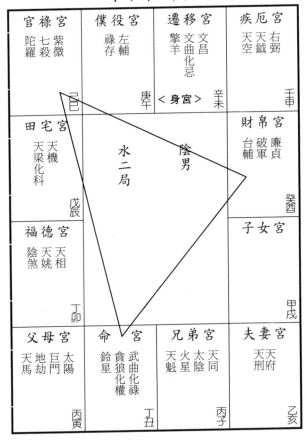

第二節　偏財運為何有時發、有時不發

某些朋友都會覺得：這偏財運呀！常在你不注意的時候就爆發了，而你正需要它時，它就怎麼也不發！最近股災及金融風暴，很多人都在財富上失血很多。於是特別對偏財運的『發運』認真起來。

自從我寫了幾本有關偏財運的書，算是稍為對『偏財運這種人生格局』有了一點認識及研究，再經過算命時所遇到各種偏財運的特殊狀況，因此大概知道了『偏財運有時發、有時不發的原因。』

就像兩千年時的庚辰年，很多具有『武貪格』的人，有的有發，有的沒發，很鬱卒！到狗年丙戌年也是一樣的，有的有發，有的沒

發！今年戊子年的『火貪格』或『鈴貪格』也會有人能發，也有人發不了。

偏財運不發的原因有下列幾種：

大運和時運不配合

我們都知道，如果偏財運格中在大運、流年、流月三重逢合，就有人一生中最大一次偏財運。這也是該人一生中最大的旺運。凡是偏財運都是很旺的旺運運程。所以在暴發運將爆發的時間前後賠錢，就表示這段時間運氣很低落，這偏財運的旺氣大概是起不來了。

吉人天相保平安

所謂的時運包括流年運程和流月運程，大運好流年不好，這一年未必會發。大運不佳而期望流年來爆發大偏財，這也是極不可能的事。很多人一看到自己有偏財格便沾沾自喜了起來，其實每個人的偏財運格局都不一樣，這是其人本命財的內容不一樣，因此若對偏財運期望過高，失望也是最大的！

另一種的大運和時運的不配合就是流年的干支和你喜用神相宜的干支有相剋或抵制作用。例如你的喜用神要水的人，而偏財格所逢之年份為土年或火年，這當然不一定會發了，或是發得小了。

命中財少，偏財不旺

真正要看人命中的財要從八字上來看。自然要看偏財運容不容易爆發，也要從八字上來看的。例如某人的八字上只有一個偏財的話，就要待運而發，也就是說要等到大運好的時候，及走到喜用神當道的大運時就會大發。基本上要八字上有兩個偏財才會大發，算是真正有偏財運的人。

（※紫微斗數是從八字學中出來的，紫微斗數中的偏財格局有些是徒有格局形式，但不一定真能帶有財，必須八字中再有財星確認有財才行！）

吉人天相保平安

某些人本命財少，八字中四柱不見其他財星，只有一個偏財在支上含用之中，這個人如果想要靠偏財運來大發利市，真是要等很久了！也未必會發。

常常我在論命時看到：很多本命財少的人卻心大膽大，常買股票期貨想賺快錢，往往人算不如天算，股市突然動蕩，欠下數千萬元的債務，繼而再自做聰明的想藉由偏財運來還欠債，結果自然是無法如願的。**命中財少的人或命理格局是財多身弱的人都難中大獎**。

我也常看到許多有偏財運的大老闆每隔六、七年就一翻、兩翻，事業愈做愈大。也有一些每天抱著自己命盤斤斤計較計算爆發偏財運的人等了很久，終究沒發。所以呀！偏財運要發時它自己會發，如果太迷信偏財運，正事不做，專想靠偏財運發一票的人，結果總是不如理想的。

投資煉金術

法雲居士⊙著

『投資煉金術』是現代人必看的投資策略的一本書。所有喜歡投資的人，無不是有一遠大致富的目標。想成為世界級的超級富豪。但到底要投資什麼產業才會真正成為能煉金發財的投資術呢？

實際上，做對行業、對準時機，找對門路，則無一不是『投資煉金術』的法寶竅門。
法雲居士用紫微命理的角度，告訴你在你的命格中做什麼會發？做什麼會使你真正煉到真金！使你不必摸索，不必操煩，便能成功完成『投資煉金術』。

第十二章

吉人天相我最行，地震、水災、海嘯、火災的保平安法

吉人天相保平安

第十二章　吉人天相我最行，地震、水災、海嘯、火災的保平安法

第一節　火災的保平安法

近幾年來連續發生許多重大的火災，例如許多餐廳、KTV、大飯店，都曾陸續遭到火神的侵噬！而一般的民宅也總在過舊曆年前是火災頻繁的時刻，在台灣的人無不談『火』色變。

易遭火災的先天命格

火災這麼多，一方面是歹徒、青少年惡意縱火，另一方則是人為疏忽而致。像是電線走火、天乾物燥而起火的發生率倒是極小的。因此整個事件看起來應屬是非作亂的原因最大了。

從命理學的角度來看火災的發生，歸納起來有幾個原因：

房屋坐向的問題

房屋坐向的問題，這也是俗稱『風水』問題。例如房屋的坐向是二黑土方（東南方），星號『巨門』，為先天的火數。主是非麻煩，

吉人天相保平安

再逢到『九紫』、『五黃』的年份，或是戊、己年都容易發生火災，且多招是非。例如台北的圓山大飯店即是。

又如『九紫火星』所在的方位（南方）、五行屬火，性最燥熱，有福的人，遇之立刻發福，無福之人有大禍。

而且房屋坐向是『九紫火星』方位的，遇『五黃之年』或遇戊、己年，亦主火災。

這裡我們所談的有福之人，即最好是八字缺火的人，或是用神為木火之人。

而無福之人則是命中八字火旺之人，切記不可住『巨門』、『火星』的房子，否則必生火災。

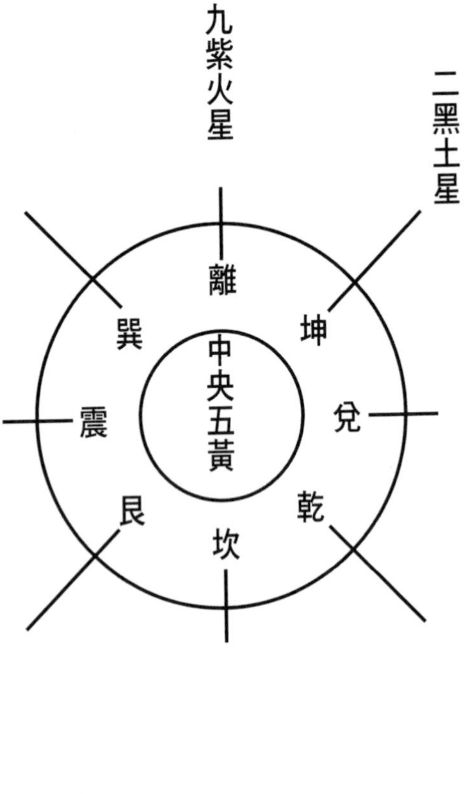

例如台北的圓山飯店之火災，即為屋向與年命犯『五黃煞』之關係而形成的。

台北衡陽路有一家店面，曾多次發生火災，沒幾年就一次，火災發生之頻率堪稱奇談。原先是布行，幾經換手，也開過麥當勞漢堡店，但終敵不過火神。多次改建，依然火燒，像這種喜蒙火神眷顧的店面，也是屋向坐於『廉貞火龍』之位。年命逢火，和屋主火命，都是有眾大的關係。

通常火命的房子也容易興旺、生意好。但是火神的眷顧，仍是會有傷亡和損失不貲的麻煩。

年命的問題

年命的問題。通常我們可以發現一個共通點。就是在納音屬『火』的年份裡，火災最旺。

吉人天相保平安

例如：

甲戌年、乙亥年為『山頭火』年。

丙申年、乙酉年為『山下火』年。

戊午年、己未年為『天上火』年。

戊子年、己丑年為『霹靂火』年。

丙寅年、丁卯年為『爐中火』年。

甲辰年、乙巳年為『覆燈火』年。

不但是納音屬『火』的年份有問題。亥年的歲星裡更有『天狗』、『伏屍』、『血刃』等惡星。

因此當大家寄望『亥年』為一個『水為財』的『金豬年』的時候，是否已暫且忘卻了這些為害頗烈的災煞星了呢？

因此我們可以看到一九九五年歲次乙亥年的種種不幸，不但有對岸的恐嚇，身處木火之鄉的台灣，災火連連，死傷無數了。也因此讓台中市長林柏榕下台，成為另一個火災的受害者。

吉人天相保平安

人的本命問題

根據筆者多年相命的調查統計，約莫有四分之一的人，命格中具有火災的命格，而有些人是『火災』、『水災』都具有的命格。

具有火災的命格如下：

①命宮、身宮中有『火星』的人，特別又是『火六局』的人，容易發生火災。

②命盤中有『太陽、紅鸞、化忌、羊、陀、火、鈴』同宮或相照會的人，容易有火災，且有傷亡之憂。流年、流月逢到會遇

到。

③命盤中有『火星、紅鸞、化忌、羊、陀、火、鈴』同宮或照會的人，流年、流月、流日碰到有火災。

④『火星』、『廉貞』、『紅鸞』、『化忌』等星在田宅宮、子女宮相照的人，家中容易起火。

⑤命盤中有『廉貞化忌』，再遇『紅鸞』、『擎羊』、『陀羅』、『火星』、『鈴星』有火災。若再遇『天馬』，遇火災更嚴重，且是在外面遇火災受傷或死亡。

⑥命盤宮位裡，有『天刑』、『火星』、『紅鸞』、『化忌』同宮的人，流年、流月、流日遇之會燙傷、燒傷或遇大火災。

⑦有『巨門』、『火星』、『大耗』等星在命宮或田宅宮時，容易有火災。加『化忌』、『擎羊』、『陀羅』更準，會因火喪命。

⑧『巨門』在辰戌宮入命宮的人，若與『火星』、『鈴星』同宮，逢惡限為『巨逢四殺』。主死於外道。若是三合處湊殺，則遭火厄。

⑨在八字中，寅、午、戌年生的人，或是戊、己年生的人，再運逢寅、午、戌年也要小心火災、燙傷的問題。

由上述的分析顯示，雖然具有火災命格的人，只佔有四分之一的人數機率。但是屋向與年運也是關鍵之一，倘若你的運程，流年、流月不好，逢有『擎羊』、『陀羅』、『火星』、『鈴星』、『化忌』、『地劫』、『天空』、『巨門』、『七殺』、『破軍』的運程，在弱運的日子裡，你也會鬼使神差的去到易發生火災的現場而遇難。因此學習流年、流月的算法，可保你的平安。認真學習，自然可防範於未然了。

第二節　水災、海嘯的保平安法

易遭水災的先天命格

雖然每年夏天總會發生幾件學生玩水而溺水的事件，或是有人想不開而投水自盡。偶而再有日月潭船難及千島湖事件的陰影，但嚴格的說起來，歷年來遇水難的人，要比遇火難的人少得多。

主要的原因，大概是因水厄致災的命格格局較少吧！

①水厄(包括水難、海嘯)的主要命格，若會傷及性命的，主要還是有『廉殺羊』、『廉殺陀』、『羊陀夾忌』等惡格局。再與水厄的基本形態：

『破軍、文昌』、『破軍、文曲』聯合組織而成。

倘若命盤中有『破軍』、『文昌』、『文曲』等星，三合、四方之處再形成『廉殺羊』、『廉殺陀』、『廉殺陀』、『羊陀夾忌』等沖照而成的格局，流年、流月碰到會因水厄而死。

②倘若命盤裡有『廉破』及『火星居陷地』相互照守或同宮的人，流年、流月逢到，會自縊投河。（這是以水自殺的一種方式，命格中有水厄的人較會選擇。）

③倘若辰、戌二宮中有『鈴星』、『文昌』、『陀羅』、『武曲』相互照會。

而辛年、壬年、己年生的人，大小限運逢此辰、戌二宮者，會遭水厄。

④若命盤中，某一個宮位有『太陰』、『巨門』、『擎羊』同聚一宮

吉人天相保平安

的人，流年、流月運逢此宮，有水厄。或因想不開投水自盡。

⑤生辰八字裡有『咸池煞』的人，最忌見水，有水厄。

⑥申、子、辰年生的人，逢流年、流月為癸酉。

生在亥、子年，而命格屬水的人，也忌見癸酉。

申、子、辰、亥年生的人，逢干支納音屬『水』的年份，例如丙子、丁丑、壬辰、癸巳等等。會有水厄禍災，不得不防。

我曾經在別本書中闡述一個觀念，那就是在一個場所，當命格中有『火因子』的人，和『運逢惡煞』的人，聚集在一起很多時，會發生嚴重的火災。也許火災現場裡也有根本沒有火厄命格的，當他碰上火災時，只是倒霉罷了。但是有『火厄命格』和『煞運』的人，在火場中受傷會較嚴重，是不爭的事實。而沒有『火厄命格』和『煞運』

的人，會很輕易的逃離火場而無事。

在發生水厄船難時，也是一樣的。一同去游水的幾個人，或一艘船上的人，都成了生命共同體。當其中的幾個人或一些具有水厄命格和煞運的人多的時候，慘遭滅頂和覆船的機會無限增加，以致災禍發生。

因此精算流年、流月運程，是最佳防備火災、水災的方法了。《精算流年、流月，請參考法雲居士所著『如何推算大運、流年、流月』上、下冊》

第三節　地震、疾病傳染的保平安法

干支與時序會發生地震與傳染病

二〇〇八年、戊子年的上半年，大家都過得有些辛苦。首先，四川大地震令人震驚接著，日本也有巨烈的地震，歐美、澳洲有洪水及大冰雹之天災。在台灣則有腸病毒肆虐，奪走了幾條小生命，令人不勝唏噓。大家在惶恐之餘，也許都沒想到：這種種的天災人禍都和年月時間及時序有沖剋的問題而形成的吧！

台灣地處亞熱帶，某些命格出生在夏天，或命格形成寅午戌會火局的人（生在農曆1月、5月、9月形成火局的人），命格缺水嚴重，就最怕碰到『戊』年。因為『戊土』會蓋住水而造成人之災難、病災或天災人禍，而導致不幸！

談腸病毒的問題：

腸病毒是聞之令人色變的病症，就連日本的公主愛子公主都逃不過而曾經染上此疾病。據醫生說：腸病毒沒有藥可醫治，只有用支持療法靠患者自己的免疫系統來逐漸康復。**愛子的疾厄宮是『廉貞、天府、擎羊』**，自然是有脾胃、大腸及腎虛的毛病。因此易得腸病毒、易感冒、脹氣這些問題會常發生。還好她地位顯赫，會有技術高超的良醫治療她，不過也經過一翻折騰，受苦不少。

在一般的人家裡，特別要注意家中小朋友的八字是否『火土』多，是否疾厄宮有五行屬土的星，如『祿存』、『紫微』、『天府』、『天梁』、『左輔』、『火星』、『鈴星』等的星曜，有『巨門』也不好，要小心消化系統的病症，自然也要小心腸病毒了。有屬土的星在疾厄宮容易有腎臟虛弱及免疫系統的問題，如遇火土之年，即會引發病變。

命格『火土』重的人宜多吃白蘿蔔、冬瓜及綠色新鮮蔬菜，不宜吃太多肉類，要好好保養身體，免疫能力才會增強。

年月地支沖剋及四柱中有『土木相剋』狀況時容易有地震

我們常發現每次有災難的時候都是年、月、日、時等四個時間標的有問題的時間點。

例一：四川大地震在二〇〇八年5月12日下午兩點多，換算成四柱為：

戊子
丁巳
壬子
丁未

你會發現『子巳相刑』、『子未相穿』，而且天干上『丁壬』相合要化木不成，但有化意，與『戊土』相剋。因此是十分嚴重的刑剋時間。

例二：我們再看九二一大地震時，是農曆四柱為：

己卯
癸酉
丙子
己丑

九二一地震發生時間地支年月『卯酉』相沖剋，『子卯』也相刑，『子丑』雖可相合化土，但敵不過『卯酉』相沖的力量。更何況天干上都是薄土。自然屬於災害的時間。

例三：二〇〇四年12月26日南亞海嘯，其農曆四柱的時間是：

甲申
丙子
己卯
戊辰

南亞大海嘯發生時間有月支與日支『子卯相刑』，有『戊己土』出干與年干『甲木』相剋，地支『申子辰成水局』，上下『水土相剋』。

舉凡時間上刑剋多的多易有災。以此謹供大家參考！

第十三章

吉人天相我最行，家中喪事的保平安法

吉人天相保平安

第十三章　吉人天相我最行，家中喪事的保平安方法

普通家中有久病不癒的病人，家人擔心害怕，故而想預卜吉凶。

家中喪事的預知

預卜孝服之事，主要是以『喪門』、『白虎』、『弔客』、『空亡』等星處在流年、流月行運之宮位裡，還要配合『主星陷落』、『化忌』、

吉人天相保平安

『地劫』、『天空』等星而形成的。

『喪門』雖主喪亡，會遭遇不幸，但單星獨坐流年、流月之命宮時，並不一定有弔喪之事。

因此整個說起來，預卜孝服之事，還要看病人本身之命盤，運程是否為運至惡地，命逢限地，才能講的。

一般在家中，父母壽元較短的人，其子女的命盤內，定有『太陽陷落』、『太陰陷落』等星。

『太陽陷落』時，主父親命較短。**有『太陰陷落』的人**，母親較短壽。

可是這『太陽陷落』與『太陰陷落』的格局亦主無緣，相處不佳或少見面。因此與父母分開住，減少見面，父母也不會短壽了。

倘若生病的父親或母親命至弱運。在子女命盤中又發現了『太陽

吉人天相保平安

陷落』或『太陰陷落』的狀況。又在流年、流月中找到『喪門』、『弔客』、『白虎』、『大耗』、『化忌』等不吉之星。這孝服之事就很清楚的顯現出來了。

至於突然發生事故、突然病亡、車禍等突發事件，在其本人命盤格局中，都會有『廉殺羊』、『廉殺陀』、『羊陀夾忌』、『命裡逢空』、『命裡逢劫』等惡煞的現象，這在前面已有述及，不再重複述之。

在家中有喪服之痛的時候，家中每個人的運氣都會降低，因此我們在撫平傷痛時，更應要言行謹慎，避免再觸及其他的災禍。

姓名轉運術

法雲居士⊙著

利用『姓名』來改運、轉運，
古往今來都是常有的事！
但真要使『好姓名』達到增強旺運的功能，
必須有許多特殊的轉運技術才行。

『姓名轉運術』
是一本教你可以利用特殊命理的方法，
以及中國文字的特殊五行陰陽智慧，
及納音聲轉效果來達成轉運、改運目的。
替改運者，重建一個優質的磁場環境，
而完成今世世界高規格的生活目的，
增進你的財富與事業成就。

第十四章

吉人天相我最行，疾病的保平安法

吉人天相保平安

第十四章　吉人天相我最行，疾病的保平安法

第一節　『摩羯座』為什麼會長命？

最近台灣衛生署發佈了摩羯座的人最長壽，其次是水瓶座與天秤座的人。而且牡羊座、巨蟹座、雙子座的人是較易有意外消耗生命，也是算較不長壽的人。

吉人天相保平安

這項新聞其實在命理學上有依據，在科學也有其依據的。因為台灣在中國的東南方，在地理位置上屬『木火』之地。而摩羯座是冬天生的人，天秤座、水瓶座的人也都是秋冬生的人，他們生在台灣『木火』之地，『木火』正是他們的喜用神之偏好。命中要火，是喜神得用，自然長壽了。

而牡羊座、巨蟹座、雙子座的人是夏日所生之人，夏日炎炎，火炎木槁，缺水恐急。夏日生的人，多有暴發運，但火多欠水，也易身體不佳、腎臟及眼目不好，更容易有車禍、血光意外傷災發生。因此容易折損及壽短，是被刑剋的關係，台灣得腎臟病的人也半屬於這種星座的人。

如果牡羊座、雙子座、巨蟹座的人到歐美國家去，或到中國大陸的北方、西方生活，自然也會長壽及災少。

吉人天相保平安

而摩羯座的人、天秤座及水瓶座的人，如果到歐美或至中國大陸北方、西方去，因金水相生、水多木漂，或土漂，也會身體不佳及壽短、多災的。

這就是人所處的方位不同而有吉凶命運之故了。因此，人要待在適合自己的環境中生活，人生之成就也會變大。**就像李登輝先生是摩羯座的人**，在台灣能長壽及做總統，如果一直在日本或美國生活，便無法做總統，也不見得能長壽了。

第二節　疾病的保平安法

疾病發生的預防

一般人除非生了大病或是要開刀，才會找人算命，看看吉凶。倘若你對預卜有興趣的話，很多事情都可自己來做，而且應證起來也方便得多。

我們要瞭解自己何時會有病災，當然要先瞭解自己一生的身體狀況。倘若你是個身體不佳（身弱）的人，常治久安、帶病延年，每天都在生病，預測疾病就變得沒有意義，倒是那一個月？那一天身體較舒爽，反而是值得預知的步驟。

從『命盤正盤』中的『疾厄宮』裡瞭解可能會發生那些疾病

我們首先要從自己命盤正盤中的疾厄宮裡瞭解自己可能會發生那些疾病？或是健康良好，沒有大病，但這不代表你不會傷風感冒。因此還是要小心。

1 通常疾厄宮中『主星居廟旺』之位的人，健康少災

例如：『紫微』、『天府』、『太陰』、『貪狼』、『天相』、『天同』、『天梁』、『文昌』、『文曲』、『天魁』、『天鉞』、『火星』、『鈴星』等星在疾厄宮裡居廟旺之地時，一生的健康沒有問題。

吉人天相保平安

但是在疾厄宮『太陰居陷』時，有傷殘之災。
『貪狼居陷』時，有神經痛、關節炎。
『天相居陷』時，有殘疾。有皮膚病、黃腫、脾臟問題。
『天同居陷』時，有耳疾，嚴重會耳聾。
『天梁居陷』時，血液有雜質。
『文昌居陷』時，弱點在大腸。次為肺、肝、膽。
『文曲居陷』時，膽有問題，時好時壞。
『魁鉞居陷』時，肝病、脾胃要小心。
『火鈴居陷』時，皮膚病惱人。

2 疾厄宮中顯示『容易受傷』的星座

『天機星』入疾厄宮，居陷時幼年多災，有破相在頭上、顏面上。

『**武曲星**』**入疾厄宮**，自幼年及一生肺部較弱，支氣管炎及大腸的毛病，也要小心手足與頭面有傷。

『**廉貞星**』**入疾厄宮**，自幼年起易生瘡及腰足有傷。

『**擎羊**』**入疾厄宮**，一生多災、血光之事，尚有大腸較弱、四肢無力症並帶有短壽之相。若頭面破相可延壽。

『**陀羅**』**入疾厄宮**，幼年即多災多難。口齒、頭面有破傷的人較長壽。

3 疾厄宮中顯示『身體差』的星座

『**七殺**』**入疾厄宮**，幼年多病，不好養，易生肝炎、肺病。

『**破軍**』**入疾厄宮**，幼年多災，身體易破傷。而且易患皮膚、膿腫之病。還有支氣管炎、肺炎要小心。

『**祿存**』**入疾厄宮**，自年幼起多病。注意脾、胃。

『**巨門**』**入疾厄宮**，年輕時就會患膿血之疾。

『**巨門**』**在子入疾厄宮**，有胃病。

4 疾厄宮中顯示『眼病』的星座

『**太陽**』**入疾厄宮**，有頭痛感冒病症。

『**太陽居陷**』**時有眼睛的毛病**。

『**太陽居陷**』**，與**『**天空**』**、**『**地劫**』**在疾厄宮者**，有精神病、頭痛、高血壓。

『**陽梁**』**酉宮為疾厄宮時**，有眼目之疾。

『**武破**』**入疾厄宮**，有眼睛的毛病。

『日月』同宮有『化忌』、『擎羊』、『陀羅』、『火星』、『鈴星』同入疾厄宮，有眼疾。

『廉貪』入疾厄宮，易患眼病。

『廉殺』入疾厄宮，有目疾。

『太陰』與『擎羊』、『陀羅』、『火星』、『鈴星』同入疾厄宮，有眼疾。

『貪狼』與『火星』、『鈴星』同宮在疾厄宮，有眼疾。

『巨門』與『化忌』同宮在疾厄宮，應小心耳疾和眼疾。

『天相』與『左輔』、『右弼』同在丑宮為疾厄宮時，小心眼疾。

5 疾厄宮顯示『酒色之疾』的星座

『紫貪』同入疾厄宮，會因房事過度而得病。

『天同、巨門』同宮，加『羊刃』、『火星』入疾厄宮者，會有酒色之疾。

『廉貪』入疾厄宮，起先喜酒色，而後性無能。

『貪狼』與『擎羊』、『陀羅』同入疾厄宮，有酒色之疾。

『巨門』與『擎羊』、『陀羅』、『火星』、『鈴星』同宮在疾厄宮，因酒色而得病。

『化忌』、『天馬』入疾厄宮，有色情所引起之疾。

6 疾厄宮中顯示有『火傷、燙傷』星座

『火、鈴』與『右弼』、『祿存』同宮於疾厄宮，會有因火傷而起的外傷。

『太陽』與『鈴星』同宮於疾厄宮，而有『擎羊』、『陀羅』沖照

著，有開刀、火傷、刀傷之現象。

7 疾厄宮中顯示有『胃部病變』的星座

『天府』入疾厄宮，有胃部之疾，病情輕微。

『天梁』入疾厄宮，胃部較弱。

『祿存』入疾厄宮，注意胃病。

『左輔』入疾厄宮，身體弱的部份在脾胃。

『天鉞』入疾厄宮，注意胃部毛病。

『化祿』入疾厄宮，身體弱的部份在脾胃。

『同梁』加『天馬』在疾厄宮，有胃病。

『天機』與『文昌』、『文曲』、『擎羊』、『陀羅』、『火星』、『鈴星』、『地劫』、『天空』、『化忌』同宮於卯、酉、丑、未為疾厄宮者，易患胃疾。

8 疾厄宮中顯示有『大腸病變』的星座

『文昌』入疾厄宮，身體的弱點，首在大腸。

『擎羊』入疾厄宮，注意大腸的毛病。

『七殺』入疾厄宮，年幼多病，有痔瘡和腸炎之疾。

9 疾厄宮中顯示有『肝、肺之疾』的星座

『紫微』與『天空』、『地劫』、『化忌』同在疾厄宮，有支氣管炎及肺部不佳的毛病。

『天機』與『文昌』、『文曲』、『擎羊』、『陀羅』、『火星』、『鈴星』、『地劫』、『天空』、『化忌』同宮於寅申宮為疾厄宮者，有肝病。

吉人天相保平安

『太陰』與『擎羊』同宮於疾厄宮者，有肝病。

『同梁』加『天馬』同宮於疾厄宮者，有肝病。

『廉破』同宮與疾厄宮，有呼吸器官及肺部疾病。

『天梁』入疾厄宮，肝、肺較弱，有肝氣犯胃之症。

『七殺』入疾厄宮，幼年多病，宜注意肝炎、肺炎、及腸胃之疾。

『破軍』入疾厄宮，呼吸系統較差，要注意支氣管炎及肺炎。

『文昌』入疾厄宮，肝、肺、膽較弱。

『陀羅』入疾厄宮，身體弱的部份在肺部。

『化權』入疾厄宮，肝較弱。

『太陽』與『擎羊』同入疾厄宮，要注意肝疾。

『天魁』入疾厄宮，得肝病。

吉人天相保平安

10 疾厄宮中顯示『心臟疾病』的星座

『紫破同宮』於疾厄宮中，災少，但有心律不整，血壓與神經系統不調和之症。也要小心有『淋巴癌』之症。

『機巨同宮』於疾厄宮，有心臟病、高血壓及神經系統之毛病，應注意。

『太陽』與『地劫』、『天空』、『火星』、『鈴星』、『化忌』、『擎羊』同在卯宮為疾厄宮時，宜注意心臟的毛病。

『同梁』加羊、陀入疾厄宮，宜注意心臟病。

11 疾厄宮顯示『血液有關疾病』的星座

『巨門』入疾厄宮，年少時易患膿血之症。

『天相』入疾厄宮，有血氣病。
『天梁』在巳、亥宮為疾厄宮時，會有血液含雜質不淨之症。
『同陰』加『擎羊』、『陀羅』有血液循環不良現象。
『武殺』同宮於疾厄宮，有血液循環不良之病。

12 疾厄宮中顯示『精神疾病』的星座

『太陽』與『太陰』同在疾厄宮中，與『天空』、『地劫』同宮時有精神病。
『太陰』與『天空』、『地劫』同宮於疾厄宮，有精神上病變。
『天虛』入疾厄宮，有心病。
『孤辰』入疾厄宮，有憂鬱之病。
『太陰』、『右弼』在辰宮為疾厄宮時，有精神不正常的毛病。

『七殺』、『火星』加『左輔』、『右弼』入疾厄宮者，有精神病。

13 疾厄宮中顯示『有傷殘』的星座

『武殺』同宮於疾厄宮，再加『擎羊』、『陀羅』、『火星』、『鈴星』有手足傷殘的現象。

『天同、文曲』同宮於疾厄宮，再加『擎羊』、『陀羅』、大耗等星，要注意車禍、禍傷之後遺症。

『廉殺』加『擎羊』、『陀羅』、『火星』、『鈴星』在疾厄宮，會有手足傷殘。

『廉殺』同宮於疾厄宮，有羊陀來沖照，則有腦震盪之災。

『太陰居陷』入疾厄宮，男有勞動傷害，女有傷殘之災。

『天梁』與『擎羊』、『陀羅』、『火星』、『鈴星』、『天哭』、『天虛』、『地劫』、『天空』同宮於疾厄宮時，會有肢體殘障的可能。

『破軍』與『擎羊』、『陀羅』、『火星』、『鈴星』、『地劫』、『天空』同宮於疾厄宮時，一生多災多難，會有身體傷殘的可能。

『左輔』、『右弼』與『擎羊』、『陀羅』、『火星』、『鈴星』、『地劫』、『天空』同宮於疾厄宮時，時常有災難，受傷多。

『祿存』與『火星』、『鈴星』同宮於疾厄宮，四肢有傷殘。

『天相居陷』在疾厄宮有殘疾。

14 疾厄宮中顯示有『濕疾之症』的星座

『天府』入疾厄宮，有濕熱、浮腫之疾。

『天相』入疾厄宮，有面皮黃腫之疾。

『天鉞』入疾厄宮，肝、膽、脾、胃、肺部有濕疾。

吉人天相保平安

15 疾厄宮中顯示『膀胱有疾』的星座

『機梁』同宮於疾厄宮，下腹或膀胱有疾。

『化科』入疾厄宮，膀胱較弱。

『天姚』入疾厄宮，膀胱有疾。

『廉相』同宮於疾厄宮，再有凶星來沖照者，有糖尿病。

16 疾厄宮中顯示有『皮膚病』的星座

『貪狼』居陷入疾厄宮，再加『擎羊』、『陀羅』、『火星』、『鈴星』，有瘋瘡、手足眼等疾病。

『紫相』同宮於疾厄宮，有輕微皮膚病與腺體質毛病。

『廉府』同宮加『羊、陀、火、鈴、空亡』同宮，易患嘴唇潰爛和牙病。

『天相』入疾厄宮，有皮膚病。

『陀羅』入疾厄宮，易患皮膚病。

『火星』、『鈴星』入疾厄宮，有皮膚病。

17 疾厄宮中顯示『頭痛毛病』的星座

『太陽』入疾厄宮，有經常頭痛及感冒之疾。

『陽巨』入疾厄宮，有頭痛毛病。

『廉貞』入疾厄宮，有『羊、陀』來沖照的人，有因腦震盪而起的頭痛。

『天梁』與『地劫』在子宮入疾厄宮的人，有頭痛腳傷之病。

『擎羊』入疾厄宮，有頭痛的毛病。

『天喜』入疾厄宮，有頭部之疾而疼痛。

『紫微』加『羊、陀、火、鈴』入疾厄宮，有頭痛毛病。

18 疾厄宮中顯示有『耳病』的星座

『天同』在卯、酉、丑、未宮與凶星同宮為疾厄宮者，有耳疾。

『同巨』加『化忌』入疾厄宮者，有耳疾、眼疾。

『巨門』與『化忌』同入疾厄宮者，有耳疾、眼疾。

19 疾厄宮顯示『神經系統毛病』的星座

『貪狼』入疾厄宮，居陷地者，有神經痛和關節炎。

『紫破』入疾厄宮，有神經系統不調和之病，及淋巴腺之病。

『機巨』入疾厄宮，有神經系統之疾病。

吉人天相保平安

『太陽』與『太陰』同宮，再有『天空』、『地劫』同入疾厄宮的人，有神經系統之疾病。

『同巨』同宮於疾厄病，有神經系統不良症。

20 疾厄宮中顯示有『暗疾』的星座

『武曲』在寅、申宮為疾厄宮的人有暗疾。

『武相、陀羅』同宮在疾厄宮者，有破相、暗疾。

『祿存』與『天空』、『地劫』同宮於疾厄宮時，有暗疾。

21 疾厄宮中顯示其他病變可能的星座

『太陰』與『右弼』同宮在辰宮為疾厄宮者，有腎結石。

『右弼』入疾厄宮，易犯上火下寒之症。

『武曲』入疾厄宮，在丑未宮者，有腎虧的毛病。
『化忌』入疾厄宮，男易犯遺精，女有帶下症。
『天馬』入疾厄宮，男易犯遺精，女有帶下症。
『寡宿』入疾厄宮，有癆傷下寒之症。

22 疾厄宮中顯示『容易感冒』的星座

『太陽』入疾厄宮，易於感冒。
『陽巨』入疾厄宮，易得感冒。
『紅鸞』入疾厄宮、命宮、身宮者，易傷風感冒。

23 疾厄宮中顯示『易於疲勞、四肢無力』的星座

『紫殺』同宮於疾厄宮，健康無病災，但常感身心疲乏、肢無

力。

『擎羊』入疾厄宮的人，有頭痛、四肢無力的症狀。

從『流年、流月活盤』中的『疾厄宮』來看我們當月的健康狀況

看法也與命盤正盤中疾厄宮的看法相同。

若流年、流月的疾厄宮內之主星陷落，或有『擎羊』、『陀羅』、『火星』、『鈴星』、『化忌』、『地劫』、『天空』等星同宮或在流年、流月之福德宮來沖照疾厄宮的狀況，則有病變的可能。

若流年、流月的疾厄宮逢『天機陷落』，『巨門陷落』的運程時，也會有身體不適、體弱生病的狀況發生。

吉人天相保平安

若流年、流月的疾厄宫內逢『七殺、擎羊』、『破軍、羊刃』等星同宮，會有開刀的事情發生。

若流年、流月的疾厄宮內逢『巨門』、『文曲』、『擎羊』、『大耗』同宮，有車禍、血光之災。

流年、流月疾厄宮中有『病符』與煞星存在者，有病變。

流年、流月對於疾病的預防，有很大的功效。在知道自己當年的某月有生病的可能之後，再由前述的疾病種類中查出病灶所在。如果是眼疾，就要預先注意保養眼睛。如果是外傷，外出則要份外小心，當可保生病的那個月可平安渡過，就算是真的得病了，也不會太沈重。**願大家萬事吉祥！**

流年、流月、流日的看法

流年的看法：

流年是指當年一整年的運氣。子年時就以『子』宮為當年的流年。以『子』宮中的主星為該年的流年命宮的主星。倘若是丑年，就以『丑宮』為流年命宮，**卯年以『卯宮』為流年命宮，辰年以『辰宮』為流年命宮**。宮中的主星就是流年運氣了。以此類推。

辰年中，以『辰宮』為流年命宮，『卯宮』為流年兄弟宮、『寅宮』為流年夫妻宮，『丑宮』為流年子女宮，『子宮』為流年財帛宮，『亥宮』為流年疾厄宮，『戌宮』為流年遷移宮，『酉宮』為流年僕役宮（朋友宮），『申宮』為流年事業宮，『未宮』為流年田宅宮，『午宮』為流年福德宮，『巳宮』為流年父母宮。如此就可觀看你卯年一年當中與六親的關係，及進財、事業的行運吉凶了。

流月的看法：

流月是指一個月中的運氣。

要算流月，要先找出流年命宮（例如辰年以辰宮為流年命宮），再由流年命宮逆算自己的生月，再利用自己的生時，從生月之處順數回來的那個宮，就是你該年流年的一月（正月）。

舉例：某人是生在五月寅時。則辰年時正月在寅宮（算法：從辰逆數五個宮，再順數三個宮那是正月）

※幾月生就逆數幾個宮，幾時生就順數幾個宮，就是該年流月的正月，再順時針方向算2月、3月……

4月 巳	5月 午	6月 未	7月 申
3月 辰			8月 酉
2月 卯			9月 戌
1月 寅	12月 丑	11月 子	10月 亥

流日的看法：

流日的算法更簡單，先找出流月當月的宮位，此宮即是初一，順時針方向數，次一宮位為初二，再次一宮為初三……以此順數下去，

▼吉人天相保平安

至本月最後一天為止。

流時的看法：

流時的看法更不必傷腦筋了！子時就看子宮。丑時就看丑宮、寅時看寅宮中的星曜……以此類推來斷吉凶。

第十五章

吉人天相我最行，羊陀傷剋在人命中的影響

吉人天相保平安

第十五章　吉人天相我最行，羊陀傷剋在人命中的影響

在每個人的命盤中都有『擎羊』和『陀羅』兩顆星，這兩顆星會因所在的宮位不一樣，星曜本身的旺弱不同，所代表的意思也會不一樣。同時『擎羊』和『陀羅』與所在宮位中同宮的星曜也會形成層次不同的意義。如此一來，事情就變得複雜了，所以很多人便看不懂問題是怎樣的問題，以及問題是出在那裡了！

擎羊與陀羅對人的影響

『擎羊』、『陀羅』在一般人觀念裡雖是凶星、刑星。但有時它們也有好的一面。**書云：『無剋不能成造化，無煞不能身有權。』**所以『擎羊』、『陀羅』好的優點就是能使人『身有權』。但這是一種粗暴的、粗略式、強行佔有的『身有權』。所以有時候搞不好會自己與石俱焚。

◎**『擎羊』在人之命宮**，會使人有權謀，但是會帶有陰險意味。天性愛競爭，心思縝密心細如髮，再加上膽大包天。所以非常適合競爭的社會，或戰爭、混亂的時期。並且在學校學習中，能名列前茅，輸人不輸陣。這就是他們能鼓勵自我而能成功的一面。

『擎羊』雖有其優點，但必竟是刑星，會強力『督勵自己』也是自我刑剋的一種方式。因為『擎羊』入命宮的人天生小氣、吝嗇、自私，只喜歡別人說他好、捧他，不喜歡聽到有稱讚其他人的事，否則會放在心上，並且懷恨在心，總要找個時間和這個被稱讚為強者的人較量一下，拼個高低。所以人之間的是非也就由此而起了。

『擎羊坐命』的人容易因爭功而操勞不斷，因此身體多半有問題，會生肝病、腎臟病、眼睛失明等，這是肝、腎、肺都不好，大腸不佳，因此要小心保養才行。其實其人也屬先天不良，**『擎羊』入命宮的人多半出生時會開刀拿出**，或母親會大出血，因此『擎羊』入命宮的人是『帶血光』入世的，嬰兒時期也多半體重不足、身材較小，漸漸長大後會變好。未來在行

吉人天相保平安

運間，有的人也很不錯，**例如『擎羊坐命』，對宮有『武貪』的人**，從武職軍人能有高官厚祿，從文職不佳。**例如前法務部長城仲模為『擎羊在午』**，對宮為同陰的『馬頭帶箭格』，也有高官厚祿了。**此外『擎羊』和『紫貪』入命**，或『擎羊』在命宮，『紫貪』在遷移宮相照的人，還是有桃花，有財，這是不用擔心的。

◎**『擎羊』在財帛宮，代表為『刑財』的財局**。賺錢不多，多會以手工精細的手藝來賺錢，做粗活就賺不到什麼錢。有一些外科醫生或眼部、心臟做手術縫合工作、也是財帛宮有『擎羊』，他的手術技巧會較精湛。**有『擎羊』在財帛宮，則必有『陀羅』在遷移宮**，表示所處環境就是雜亂、破壞必要處理的，並且是拿刀的工作，如庖刀、裁縫剪刀、或手術刀等。所以你就賺辛苦錢了。自然財運也會起起伏伏，因此最好做固定上班的上班族較好。有一位外科醫生仗著自己有精良外科手術的技術，一直跳槽別家醫院，想收入增高，但滾石不生苔，總有運氣不佳的時候要閒在家中，因此更為苦悶。因此太執著是不好的。

◎**『擎羊』在官祿宮**，表示事業易不順，做軍警業較好。在工作事業中易遇災禍。一般做文職也是做做停停。**因官祿宮有『擎羊』的話，福德宮必有『陀羅』**，這也是先天固執、較笨，但自己不覺得自己笨還覺得自己聰明，也常想聰明一點，因此造就了自己的人生，如果能順其自然，不要做太多自以為聰明的事便不會導致不良後果了。

吉人天相保平安

◎**『擎羊』在夫妻宮**，表示其人會小氣、吝嗇、自私，對感情有潔癖。雖說不容易結婚。但有些人還是有美滿婚姻，只要對方能容忍他的話，都沒問題。因為他會特愛吃醋，會讓人受不了。**當夫妻宮有『擎羊』時，『陀羅』就在財帛宮**，此人感情上太執著與保守，自然在錢財上也無法多得了，有飯吃能溫飽也很快樂了。

◎**『擎羊』在遷移宮**，表示外在環境不好，容易有車禍傷災，也表你周圍的環境常讓你傷腦筋、讓你神經衰弱。你愛多想，喜歡待在家中，較保守，不愛外出，不過要看你遷移宮中是否還有其他星一起同宮，又是什麼樣的星？才能看看是否能幫助你打破這種保守形式。

『擎羊』在遷移宮也表示你周圍容易出現小人，或會剋制你的人，要在你命盤上其他宮位去找出來。

『擎羊』在遷移宮時，『陀羅』會在官祿宮，因此你是外在受剋制而事業也會受影響，盡力而為吧！

◎**『擎羊』在福德宮**，表示其人天生福氣較薄，會勞碌不得閒，閒了會生病。你不但勞心還勞力，身體也會較差。

因為當福德宮有『擎羊』時，命宮必有『陀羅』。你會自己煩心的事很多，不該煩的你也煩，雞毛瑣碎的煩不完，正事你反而不當一回事。因此家人常抱怨你笨。你有時在乎，有時不在乎。除非脾氣衝起來才硬兇。平常看起來你也好像沒脾氣似的。不過『陀羅』入命的人也不能惹，他報復起人來是非常可怕又凶狠的，讓你吃不了又兜著走的。

羊陀相互依偎，『前羊後陀』

『擎羊』和『陀羅』是『秤不離砣，砣不離秤』的，相互依偎著。在斗數中『前羊後陀』的排列方式已注定它們的命運。也注定了我們的命運。其實要怎樣安撫這兩顆在我們命運中影響極大的星，就是我們此生要修練的功課。

羊陀的治療方法

『擎羊』和『陀羅』可以用運動及消耗體力的方式將之化解。只要在你不順的時候或心情不佳時多做事或消耗體力，使自己的造血機能變強，自然運氣就會轉變而好起來。

羊陀是『秤不離砣』，天作之合

『擎羊』入命的人和『陀羅』入命的人同樣也是最佳配偶。『陀羅』在命宮的人性子慢，會想很久才做。『擎羊』入命的人性急，愛報怨。但也只有『陀羅』坐命的人會容忍他。我就曾看到很多這種命格配置的夫妻來報怨的，但是吵歸吵，他們仍然知道他倆是最適合的一對。

紫微斗數精華篇

法雲居士⊙著

學了紫微斗數卻依然看不懂格局，不瞭解星曜代表的意義，不知道命程形局的走向，人生的高峰時期在何時？何時是發財增旺運的好時機？考試、升職的機運在何時？何時才會交到知心的好朋友？
一生到底能享多少福？成就有多高？不管問題是你自己的，還是朋友的，
你都在這本書中找得到答案！

法雲居士將紫微斗數的精華從實用的角度，來解答你的迷惑，及解釋專有名詞，讓你紫微斗數的功力大增，並對每個命局瞭若指掌，如數家珍！

賺錢工作大搜查

法雲居士⊙著

在命理學中，人天生是來『賺錢』的！人也天生是來工作的！
但真正賺錢的工作是由『命』來決定的！
『命』是由時間關鍵點所形成的氛圍，及人延伸出的智慧。

因此每個人都有屬於自己專屬的
賺錢之路和工作。

法雲居士用紫微命理幫你找出發財之路，
並且告訴你何時是事業上的高峰，
何時能直上青雲，擁有非凡成就。

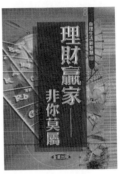

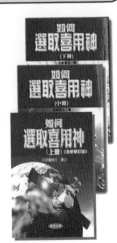